地域創造研究叢書
No.22

学生の「力」をのばす大学教育
――その試みと葛藤

愛知東邦大学地域創造研究所=編

唯学書房

はじめに

　本書は、愛知東邦大学地域創造研究所の人材育成研究部会が中心となってまとめたものである。人材育成研究部会は、大きなパラダイムシフトを迎えている大学教育の現場において、大学ではどういった人材を、どうやって育成すべきかといった問題意識を持つ専門分野を異にする教員が集まってスタートした。そして、1年半にわたり学外のセミナーに参加したり、各自の取り組み事例を発表したりしながら議論を重ねてきた。本書は主にその取り組みの成果をまとめたものである。

　昔ながらの大学教育、大学観では現在の大学に対する期待に応えられないということはずいぶん前から指摘されてきた。学士力、社会人力、就業力、アクティブ・ラーニング、体験型学修、学生主体、地域連携……、大学教育改革が叫ばれるなか、次々に新しい（？）キーワードが生まれては消えていく。今まで通りではいけないという意識が先行しすぎ、教育的意義が曖昧なまま、ちょっと目を引く一風変わった教育が新しい取り組みとして漠然と評価されている感もある。そんな大学教育の現場において教員は、自らが大学生であった時代と今の大学をとりまく状況との違いに戸惑いながら学生と向き合っている。何が正しいやり方なのか、何が学生のためか、社会で役に立つ学びとは何なのか、そもそも大学教育の役割は何なのか、さまざまな疑問を抱えつつ、葛藤しながら試行錯誤を繰り返しているのである。それらを共有し、今後の教育に活かしていくことが本書の目的である。

　本書の内容は多岐にわたっている。第1部では「大学における人材育成を考える」として、各専門分野における学びと人材育成について、多角的な視点から論じられている。第2部では本学における「就業力育成支援事業（文部科学省）」の一環として実施した活動を、とくに「地域連携PBL」を中核として試みられた、学生の「社会人力」育成のための実践例をもとに論じられている。最後に、第3部では「地域と連携した人材育成から学ぶ」として他大学の例などを取り上げることと同時に、より客観的な視点から、地域と連携した本学の取り組みの比較検討などを行った。

　本書の各所から、現場の葛藤、迷いながらも前向きに取り組む姿が感じられるだろう。本書が、大学教育の現場で同じような問題意識を持ちつつがんばっている多くの方々に、多少なりとも役立てば幸いである。

人材育成研究部会

目　次

はじめに　iii

第1部　大学における人材育成を考える

第1章　大学における運動部活動を通じた人材育成
　　　　――ライフスキル獲得に着目した取り組み　大勝 志津穂　3
　　はじめに　3
　　Ⅰ　大学における運動部活動　4
　　Ⅱ　ライフスキルとは　5
　　Ⅲ　スポーツとライフスキル獲得　5
　　Ⅳ　大学スポーツ選手のライフスキル獲得の必要性　7
　　Ⅴ　本学運動部へのライフスキル教育　8

第2章　人材育成としての野外教育　長谷川 望　10
　　はじめに　10
　　Ⅰ　野外教育について　11
　　Ⅱ　考察　16
　　Ⅲ　まとめ　17

第3章　保育者養成から見た人材育成　藤重 育子　19
　　Ⅰ　保育者の質に関する先行研究より　19
　　Ⅱ　授業展開から保育者養成について考える　21
　　Ⅲ　保育者養成から見た人材育成　27

第4章　法学教育による人材育成　高間 佐知子　31
　　はじめに　31
　　Ⅰ　法学部における法学教育　31
　　Ⅱ　経営学部における法学教育　33
　　Ⅲ　経営学部の演習における法学教育　34
　　Ⅳ　法学教育と体験学習（PBL）　35
　　おわりに　38

第2部　学生の「社会人力」育成の試み

第5章　「愛知東邦大学 就業力育成支援事業」の概要　小柳津 久美子　41
 Ⅰ　就業力育成支援事業全体像　41
 Ⅱ　正課内の取り組み　43
 Ⅲ　正課外の取組み　46
 Ⅳ　実践を通して見えてきた課題　49

第6章　学内外における実践活動を通じた人材育成の可能性　大勝 志津穂　52
 はじめに　52
 Ⅰ　プロジェクトの概要　53
 Ⅱ　プロジェクトを通じた人材育成の課題と展望　60

第7章　名古屋市名東区をフィールドとしたゼミ活動　手嶋 慎介　63
 はじめに　63
 Ⅰ　地域MAP作成プロジェクト　63
 Ⅱ　就業力育成に関する意識調査　66
 Ⅲ　プロジェクトの評価と実践的含意　71
 おわりに　74

第8章　スポーツイベントの企画・運営の実践
  ――名古屋オーシャンズ観客動員プロジェクトを中心に　長谷川 望　77
 はじめに　77
 Ⅰ　名古屋オーシャンズ観客動員プロジェクト（PBL）の概要　79
 Ⅱ　成果と課題　83

第9章　「段階的PBLプログラム」構築に向けて　小柳津 久美子　84
 Ⅰ　PBLとは　85
 Ⅱ　「地域連携PBL」とは　86
 Ⅲ　パイロットPBLから見えた課題　88
 Ⅳ　段階的PBLの実践　89
 Ⅴ　結果　97
 Ⅵ　今後に向けて　101

第3部　地域と連携した人材育成から学ぶ

第10章　地域と連携した活動の現実的課題
　　　　　——名東区魅力マップ作りに取り組んで　宮本 佳範　105
　　はじめに　105
　　Ⅰ　PBLについての私見　106
　　Ⅱ　本プロジェクトについて　109
　　Ⅲ　取り組み全体から感じられたこと　110
　　Ⅳ　学生の能動性や責任感と教員の役割に関する考察　114
　　Ⅴ　今後に向けて　117
　　おわりに　121

第11章　地域におけるインターンシップ等の質の向上と拡充に向けて
　　　　　　手嶋 慎介、加納 輝尚、河合 晋　124
　　はじめに　124
　　Ⅰ　中部・北陸地区におけるインターンシップ等の事例　124
　　Ⅱ　産官学連携のための地域におけるコーディネート機関の事例　128
　　Ⅲ　インターンシップの発展的展開と支援体制　131
　　おわりに——インターンシップ等に関わる専門人材育成の必要性　135

第12章　PBLプログラム等の国内での実践状況　手嶋 慎介　138
　　Ⅰ　観光人材育成としての産学連携事業　和田 早代（札幌国際大学）　140
　　Ⅱ　ゼミ活動を通じたPBL実践の効果と課題——（株）リクルート北関東
　　　　マーケティングからのミッション　坪井 明彦（高崎経済大学）　144
　　Ⅲ　大教室での専門教育におけるアクティブ・ラーニングの取組みの一試論
　　　　加納 輝尚（富山短期大学）　151
　　Ⅳ　地域の産業と連携した就業力育成のための高等教育機関における教育事例
　　　　奥村 実樹（金沢星稜大学）　157
　　Ⅴ　地域貢献人材の育成を志向したPBL実践活動と課題
　　　　河合 晋（岡崎女子短期大学）　162
　　Ⅵ　女子大学生の組織学習を通じたキャリア形成に関するフィールド・リサーチ
　　　　井上 奈美子（お茶の水女子大学）　169
　　Ⅶ　地域と連携したゼミ活動——「ゴミゼロ大作戦！」について
　　　　大城 美樹雄（名桜大学）　176

おわりに　183

第1部
大学における人材育成を考える

　大学における教育問題がさまざまに論じられる中「大学における人材育成とは何か」「大学ではどういった人材を、どうやって育成すべきか」という問いかけは、本書に一貫して流れる中心的な問題意識である。

　第1部では、その明確な定義、答えを出そうとするものではないものの、本書の皮切りとして「大学における人材育成を考える」と題して、各専門分野における学びと人材育成について、多角的な視点から論じることにより、場当たり的ではない「大学における人材育成」を考えるための論考をとりまとめた。

第1章　大学における運動部活動を通じた人材育成
── ライフスキル獲得に着目した取り組み

大勝　志津穂

はじめに

　スポーツ界にはじめてライフスキルプログラムが導入されたのは、1980年代のアメリカにおいてである。大学スポーツ選手が直面する様々な問題を解決する方法として、また、卒業後の進路や現役引退後のセカンドキャリア移行のための手段として導入された。それは、スポーツ選手も一人の人間であり、社会で幸福に生きるためには、健康な身体に加え、社会で必要とされる豊かな知識と安定した心が必要であるという考えが広がったことにある。

　日本では、スポーツが教育の一環として取り込まれたため、スポーツ選手への教育プログラムの必要性を唱えることは少なかった。つまり、教育活動としてのスポーツの中で、選手個人が様々な社会的な能力や規範を身につけることができると思われてきた背景がある。しかし、近年のスポーツ選手やスポーツ団体の不祥事、さらに高校卒業後や大学卒業後のプロスポーツへのキャリア選択の可能性が増える中、スポーツに関わる青少年が社会の一員として生活して行くためのスキルを身につける必要性が唱えられはじめた。横山（2009）は、ライフスキル獲得にスポーツが取り上げられる理由として、スポーツの現場においてライフスキル獲得の要請が強く、その重要性が高いと考えられていること、スポーツには「生きる力」や「人間の力」を育むという全人的な教育機能が元来備わっていると考えられていることと述べている。さらに、2011年に制定されたスポーツ基本法前文には、「スポーツは、次代を担う青少年の体力を向上させるとともに、他者を尊重しこれと協同する精神、公正さと規律を尊ぶ態度や克己心を培い、実践的な思考力や判断力を育む等人格の形成に大きな影響を及ぼすものである」と述べられている。すなわち、スポーツが人格の形成や人材育成の機能をもつと期待されており、ライフスキル獲得の手段として有効であると考えられていることがうかがえる。

一方、日本では、教育機関に対する人材育成の要望も高まっている。経済産業省は、2005年度より、職場や地域社会の中で多様な人々とともに仕事をするために必要な基礎的能力として「社会人基礎力」を定義し、主に、大学教育においてその推進を図るよう事業を展開している。また、2008年度からは、文部科学省が産学連携による実践型人材育成事業を行い、多様な社会の要請に対応できる人材の育成を、大学等の高等教育機関に行うよう強化を図っている。すなわち、高等学校卒業後、半数以上が大学等の高等教育機関に進学する今日、社会人となる前の最後の教育機関である大学に対して、社会の要請に応えられるような人材を育成する役割が課せられているのである。

そこで本章では、人材育成の期待がかかる大学と、人材育成機能をもつスポーツを併せ持つ大学運動部活動に焦点をあて、運動部活動を通じた人材育成の可能性をライフスキル獲得の視点から検討する。

I 大学における運動部活動

大学における運動部活動は、届け出に基づき一定の条件の下で大学が認定する課外活動団体であり、その団体は、学内の同好の学生によって自発的に形成され、自主的に運営されることが基本である。大学におけるスポーツ活動のあり方に関する調査研究報告書（1997）によると、大学がクラブライフに要望することは、仲間同士の交流を深めること、クラブ活動を通して学生生活を充実させること、学業とスポーツの両立であると報告されている。また、競技力向上に対しては、スポーツでの好成績が大学の活性化に繋がるものとして捉え、クラブ員が対外競技会で好成績を収めることを期待するとともに、競技力の向上を求めていると報告されている。

一方、大学は、運動部活動を「経営資源」として経営戦略に利用することを考えている。岡本（2006）は、大学スポーツにおいて国際レベルで戦えるトップアスリートを入学させ、大学運動部を強化することの「うまみ」として、①大学の宣伝・広告として学生アスリートや運動部が活用できる、②スポンサーなどから外部資金が調達でき、独自の財源となる、③学生アスリートを指導者としたイベントやスクールを開催することによる収入が得られる、④運動部の活動を通して地域や企業との連携を図ることができる、をあげている。すなわち、大学における運動部活動は、学生生活を充実させるだけのものではなく、大学経営としての資源と

Ⅱ　ライフスキルとは

　ライフスキルとは、健康増進を狙いとする心理社会的能力であり、WHOによると「日常生活で生じるさまざまな問題や要求に対して、建設的かつ効果的に対処するために必要な能力である」と定義されている。構成要素としては、「意思決定」「問題解決」「創造的志向」「批判的志向」「効果的コミュニケーション」「対人関係スキル」「自己意識」「共感性」「情動への対処」「ストレスへの対処」などの10の具体的スキルがあげられている。ライフスキルは、健康増進を狙いとする心理社会的能力であるが、社会生活全般に対する能力として汎用性が高く、様々な領域で用いられている。これらの心理社会的能力を高める直接的な方法としては、問題に対処するための個人資源を増やしたり、個人的・社会的能力を高めたりすることが考えられ、青少年を対象としたライフスキル教育プログラムが展開されている。体育・スポーツの領域では、ライフスキルを獲得するための手段としてスポーツを利用し、スポーツを通じてライフスキルをいかに獲得できるか、また、スポーツを通じて得られたライフスキルをいかに汎化できるか、そのための方法が実践的、実証的に研究されている。

Ⅲ　スポーツとライフスキル獲得

　スポーツは今日、単に日常生活を豊かにするためや、心身の発育・発達を促すためだけに存在するものではなく、その活動を通じて社会的スキルや対人的スキルなどのライフスキルを獲得することが期待されるものになりつつある。特に子どもの自己管理能力や対人関係、コミュニケーション能力の未熟さが指摘される今日においては、スポーツを通したライフスキル獲得の研究結果は、大きな役割と期待を担っていると考えられる（西田、2004）。
　杉山（2004）は、スポーツを通じたライフスキル獲得では、3つのプロセスを経ると述べている。すなわち、ステップ1：スポーツ場面における心理社会的スキルの利用、ステップ2：スポーツ場面における心理社会的スキルの獲得、ステップ3：ライフスキルへの転移・般化あるいは変換である。特にステップ3については、

スポーツ場面で獲得したスキルを、いかに一般社会に般化できるかを問うものであり、スポーツ場面における個々の心理社会的スキルがどのようなライフスキルと結びつくのか、あるいは、スポーツ活動を介して具体的にどのようなライフスキルが獲得されるのかという視点が重視されている。

　上野ら（上野・中込、1998）は、スポーツ場面において獲得される心理・社会的スキル（競技状況スキル）と、スポーツを離れた日常生活場面で必要とされるスキル（ライフスキル）との関係に注目している。競技状況スキルとライフスキルには、同じ側面をもつ「個人的スキル」因子と「対人スキル」因子があり、運動部活動参加者は、一般生徒より競技状況スキルと同種の側面を持つライフスキルを獲得していること。さらに、運動部活動で獲得した競技状況スキルは、指導者の適切な働きかけによってライフスキルへと般化することが可能であることを報告している。

　向山ら（2013）は、高等学校の運動部に所属する生徒に対して、日常的な運動部活動を通して人材育成を実現するための運動部活動の運営方法を提示するとともに、日常的な運動部活動を通して人材育成機能を発揮できるプログラムを提示している。人材育成を実現するための運動部活動の運営方法としては、①支援体制を構築すること、②目標の設定及び共有をすること、③スポーツ以外の社会経験をさせることをあげている。そして、①スポーツでの達成、②学業での達成、③人間的な成長の3つの側面を実現するためのプログラムの必要性と、プログラムを理論的かつ実践的に進めていくために評価を実施することの必要性も提案している。

　上野（2008）は、スポーツ経験とライフスキル獲得に関する先行研究を実践的研究と実証的研究に大別し概観することによって、スポーツ活動への参加とライフスキル獲得の関係を解明するための3つの課題を指摘している。1つは、スキルの獲得を説明する理論や、過去の研究成果に基づいて構成されたスポーツ活動を実施する実践研究の必要性である。つまり、単にスポーツ活動を行っただけでは、望ましいライフスキルの獲得には繋がらないため、スキルの獲得を目的とする構成されたスポーツ活動の実施が必要であるということである。2つめは、スポーツ場面における経験内容に焦点を当てた研究を実施することである。すなわち、スポーツ経験の有無や期間の長短ではなく、スポーツ経験の内容とライフスキル獲得との関係を明らかにすることの必要性であり、それは、ライフスキル獲得に関するメカニズムの解明にも繋がると述べている。3つめは、ライフスキル獲得の心理的側面を変数として扱う研究の必要性である。

このように、ライフスキル獲得にスポーツを用いることへの期待は高まっており、そのプロセスやプログラムの内容、課題は指摘されている。スポーツ場面において獲得したスキルをいかに一般社会へ転移・汎化できるか、そのプロセスとプログラム内容が問われていることになる。

Ⅳ　大学スポーツ選手のライフスキル獲得の必要性

　津田（2007）は、スポーツや運動経験で学ぶ心理社会的スキルを、実生活のライフスキルへ転移、般化するために、大学教育の中にいかにライフスキル教育を取り入れることができるかを検討している。アメリカの大学で行われる教育プログラムをあげ、日本においては、特にスポーツ推薦で入学した大学生アスリートへの教育プログラムの必要性を述べている。また、松野ら（2009）は、日本における大学スポーツの動向や、ライフステージとライフスキルとの関係から、スポーツ選手に対するライフスキル教育プログラムの必要性を述べている。日本では、青少年期に「知育」「徳育」「体育」がバランスよく実施されることが望ましいと思われているにも関わらず、スポーツ選手に対しては「体育偏重」、進学希望者に対しては「知育偏重」と二極化し、ライフスキルのベースである「徳育」が等閑視されており、トップアスリートやトップ校進学を目指し挫折した生徒へのケア、セイフティー・ネットとしてのライフスキル教育が必要であると述べている。久保（2006）は、大学アスリートのセカンドキャリア問題について、大学での活動を「キャリア」として考えることを止め、卒業後にアスリートとしての活動を継続するか否かに関わらず、将来の真のキャリアに向けて準備をする必要があるとしている。

　このように、大学生アスリートに対するライフスキル獲得は、彼らの将来に関わる問題として必要性が高まっている。それは、中学校や高等学校での部活動が、その後の進学に有利に働く側面を持つ一方、大学での部活動は、単に好成績を残しただけでは、次へのステップに繋がりにくいからである。すなわち、トップアスリートとしてスポーツの世界に身を置く人材はほんの一握りであり、多くの学生が大学卒業後は社会人として、スポーツの世界とは異なる環境に出て行くからである。また、トップアスリートとしてスポーツ界に残ったとしても、スポーツ選手として活躍できる期間は長くはなく、上野らがいう「競技状況スキル」だけでは、その後のセカンドキャリアを迎える準備ができないからである。

V　本学運動部へのライフスキル教育

　本学の運動部活動は、教育活動の一環として位置づけられ、強化指定クラブ、クラブ、サークルがある。強化指定クラブは、課外活動を含む学生生活全体の活性化をはかるリーダー的クラブの育成を目指し設置されたものである。強化指定クラブには、①大学におけるクラブ・サークル活動の活性化、②学内諸活動への参加、③地域のスポーツ活性化の支援、④大学知名度の向上、⑤愛校心（アイデンティティ）の醸成などが期待されている。また、スポーツ・音楽推薦入試制度があり、競技成績等が入試を受けるひとつの評価となっている。さらに、その制度で入学した学生の中には、スポーツ奨学生として認定を受ける学生もいる。

　津田（2007）は、特にスポーツ推薦で入学した大学生アスリートへの教育プログラムの必要性を述べている。スポーツ推薦入試制度で入学する学生がいる本学のことを考えると、彼ら・彼女らに対する教育プログラムが必要性となるだろう。吉田（2008）は、スポーツ経験の永続的な価値は、参加を通して学んだことを、その後の他の領域に汎化すること、成人後の仕事に応用することであると述べている。まずは、部活動を通じてライフスキルを獲得させること、それを一般社会に汎化させるための教育プログラムを実施することが求められる。

　本学では、部活動におけるライフスキル獲得の具体的な取り組みを行っている訳ではない。しかし、本学における運動部活動の位置づけや入試制度を考えると、まずは強化指定クラブの学生に対して、教育プログラムを実施してもよいのではないだろうか。久保（2006）は、大学生アスリートに対して、将来に向けた真のキャリアを準備する必要性を述べながら、その担い手として監督・コーチをあげている。本学は、スポーツ推薦入試制度を始めてもうすぐ10年を迎える。4年間の運動部活動を経験した学生は必ず成長している。その成長をより明確にしていくためにも、学生と日々関わりのある監督・コーチだけではなく、部長・副部長も含めたクラブに関わる教職員で、運動部活動を通じた人材育成を行うための教育プログラムの取り組みを行っていきたい。

【参考文献】
・大学におけるスポーツ活動の在り方に関する調査研究協力者会議（1997）「大学におけるスポーツ活動の在り方に関する調査研究報告書」

- 経済産業省（2014）「社会人基礎力育成の好事例の普及に関する調査」報告書
- 高峰修（2006）「近年のスポーツ界におけるキャリアサポートの動向と大学スポーツにおけるその必要性」『明治大学教養論集』403、99～110ページ
- 杉山佳生（2004）「スポーツとライフスキル」『最新スポーツ心理学——その軌跡と展望』69～78ページ
- 上野耕平、中込四郎（1998）「運動部活動への参加による生徒のライフスキル獲得に関する研究」『体育学研究43』33～42ページ
- 上野耕平（2008）「スポーツ活動への参加を通じたライフスキルの獲得に関する研究展望」『鳥取大学生涯教育総合センター研究紀要』4、65～82ページ
- 岡本純也（2006）「大学運動部の現在」『現代スポーツ評論』14、36～46ページ
- 久保正秋（2006）「アスリートのセカンドキャリア問題と大学」『現代スポーツ評論』14、47～57ページ
- 向山昌利、来田宣幸、横山勝彦（2013）「人材育成とスポーツ教育プログラムの構築——国際交流スポーツイベントを事例に」『同志社スポーツ健康科学』5、28～38ページ
- 松野光範、横山勝彦（2009）「『ライフスキル教育』開発プロジェクトの必要性——スポーツ選手を視点に」『同志社スポーツ健康科学』1、1～7ページ
- 西田保（2004）「『スポーツ参加とライフスキル』研究の課題と展望」『最新スポーツ心理学——その軌跡と展望』79～86ページ
- 津田忠雄（2007）「大学教育とスポーツ競技を通じての教育——大学生アスリートとライフスキル教育プログラムの展開」『近畿大学健康スポーツ教育センター研究紀要』6(1)、13～25ページ
- WHO・ライフスキル教育プログラム（1997）『WHO・ライフスキル教育プログラム』大修館書店、12～16ページ
- 横山勝彦（2009）「ライフスキル教育とスポーツ」『ライフスキル教育——スポーツを通して伝える「生きる力」』1～2ページ
- 吉田絵美、山添正（2008）「学校スポーツとライフスキル教育」『教育専攻科紀要』12、41～55ページ

第2章　人材育成としての野外教育

長谷川 望

はじめに

　我が国の学校教育においては、目まぐるしい社会の変化、少子高齢化社会の到来、グローバル化などの煽りを受け、大学生の多様化が進んでいる。そのため、学校教育と職業や人材育成との関連は非常に重要な課題とされている。2011年1月の文部科学省の中央審議会答申やその後の議論において指摘されるように、特に近年、「若者の社会的・職業的自立」や「学校から社会・職業への移行」を巡る様々な課題が見受けられる。また、グローバル化や知識基盤社会の到来、就業構造・雇用慣行の変化等による、教育、雇用・労働をめぐる新たな課題も生じている。そのような時代背景から、文部科学省、経済産業省、厚生労働省は、それぞれ、学士力、社会人基礎力、就職基礎能力などの種々の能力を提唱しており、大学教育においては、それらの能力を高めることが求められている（表2-1）。
　一方で現代の大学生は、人間関係の希薄化やコミュニケーションスキルの低下など、社会的な要因を背景に孤独感や疎外感を強く感じる傾向にあり、対人ストレスへの耐性が低く、人間関係でのつまづきを起因とした心の問題を増加させているといわれている。独立行政法人日本学生支援機構は、2007年度「大学における学生相談体制の充実方策について」において、大学は、個別性と多様性に配慮しつつ、教育的・成長促進的視点に立った的確な支援をすることが求められるとしている。
　こうした現状から、開発的教育や教育カウンセリングの持つ概念が、予防的な発想からアプローチを行うという意味において注目されている。そのような観点から、清水（2010）は、プロジェクトアドベンチャー（Project Adventure：以後 PA と略記）を導入した野外教育活動が「社会的・心理的な発達促進」「対人関係の支援教育」を提供する可能性を秘めているとしている。
　野外教育においては、体験学習理論を用いた学習サイクルをモデルとし重要視さ

れており、単なる知識・技能の獲得にとどまるものではなく、学習者の興味や経験をもとにした主体的な思考活動を中心に展開されるところにその特徴があるといわれている。また、グループダイナミクスの理論を取り入れた心理学的なアプローチを特徴としており、自然への理解を深めながら人間関係や自己概念の向上などに重点を置いている。学習者は、自分の身体や技能を駆使してやさしい課題から困難な課題へと挑戦していく。その過程でつまづきながら、自分の殻を破り、自己の能力に挑み、工夫し、仲間と協力しながら、課題を達成していくのである。つまり、野外教育を通じて、自己概念のみならず、表2-1に示したような、学士力や社会人基礎力などといわれる力を高めることも可能であり、人材育成の方法としても意義があると考えられる。

　そこで、本章においては、今日のユニバーサル化、全入時代等に直面している大学教育における、社会に求められる人材育成としての野外教育について、筆者の所属する人間学部人間健康学科の科目であった「野外活動実習Ⅰ」の実践を踏まえて考察することとする。

Ⅰ　野外教育について

1　「野外活動実習Ⅰ」の位置づけ

　2007年度、愛知東邦大学人間学部において、地域の人々の生活と暮らしの充実を支える人材育成、そして人間の学際的学問分野を学修することで専門性と現実的対応性を兼ね備え、真に地域に役立つ「生きる力のある人間」を育成することを目的とし人間健康学科が設置された。人間健康学科においては、「健康」をキーワードにあらゆる年代の人間が心身ともに健やかに暮らしてゆくための方法やシステムの取得を目指す者や、心理や福祉についての理解も含め、人々のよりよいライフスタイルを創造できる人材を目指す者を育成することをアドミッションポリシーとして掲げている。そのような人材育成を実現するための1年次の導入教育としては、「基礎演習Ⅰ・Ⅱ」を中心に、大学生活における基本的な態度、基礎学力の向上、学生間及び学生と教員間の人間関係の構築を目的にカリキュラムが構築された。導入教育の一環である「野外活動実習Ⅰ」においては、2010年度入学生まで、人間健康学科全員履修であり、事前の準備から学生が主体的に取り組み、協力をし、実体験を通してさらなる人間関係を構築することを目的とされていた。また、将来人と関わる仕事を目指す学生への動機づけを高め、学生リーダーの育成を図ることも

表2-1 基礎的・汎用的能力についての提言の例

	職業的（進路）発達にかかわる諸能力（4領域・8能力）	学士力
趣旨	「職業観・勤労観を育む学習プログラムの枠組み例」として、国立教育政策研究所が提言。 平成14年11月調査研究報告書「児童生徒の職業観・勤労観を育む教育の推進について」	「各専攻分野を通じて培う、学士課程共通の学習成果」として、中央教育審議会が提言。 平成20年12月答申「学士課程教育の構築に向けて」
内容	○人間関係形成能力 ・自他の理解能力 　（自己理解を深め、他者の多様な個性を理解し、互いに認め合うことを大切にして行動していく能力） ・コミュニケーション能力 　（多様な集団・組織の中で、コミュニケーションや豊かな人間関係を築きながら、自己の成長を果たしていく能力） ○情報活用能力 ・情報収集・探索能力 　（進路や職業等に関する様々な情報を収集・探索するとともに、必要な情報を選択・活用し、自己の進路や生き方を考えていく能力） ・職業理解能力 　（様々な体験等を通して、学校で学ぶことと社会・職業生活との関連や、今しなければならないことなどを理解していく能力） ○将来設計能力 ・役割把握・認識能力 　（生活・仕事上の多様な役割や意義及びその関連等を理解し、自己の果たすべき役割等についての認識を深めていく能力） ・計画実行能力 　（目標とすべき将来の生き方や進路を考え、それを実現するための進路計画を立て、実際の選択行動等で実行していく能力） ○意思決定能力 ・選択能力 　（様々な選択肢について比較検討したり、葛藤を克服したりして、主体的に判断し、自らにふさわしい選択・決定を行っていく能力） ・課題解決能力 　（意思決定に伴う責任を受け入れ、選択結果に適応するとともに、希望する進路の実現に向け、自ら課題を設定してその解決に取り組む能力）	○知識・理解 　（専攻する特定の学問分野における基本的な知識を体系的に理解するとともに、その知識体系の意味と自己の存在を歴史・社会・自然と関連付けて理解する） ・他文化・異文化に関する知識の理解 ・人類の文化、社会と自然に関する知識の理解 ○汎用的技能 ・コミュニケーションスキル 　（日本語と特定の外国語を用いて、読み、書き、聞き、話すことができる） ・数量的スキル 　（自然や社会的事象について、シンボルを活用して分析し、理解し、表現することができる） ・情報リテラシー 　（情報通信技術（ICT）を用いて、多様な情報を収集・分析して適正に判断し、モラルに則って効果的に活用することができる） ・論理的思考力 　（情報や知識を複眼的、論理的に分析し、表現できる） ・問題解決力 　（問題を発見し、解決に必要な情報を収集・分析・整理し、その問題を確実に解決できる） ○態度・志向性 ・自己管理力 　（自らを律して行動できる） ・チームワーク、リーダーシップ 　（他者と協調・協働して行動できる。また、他者に方向性を示し、目標の実現のために動員できる） ・倫理観 　（自己の良心と社会の規範やルールに従って行動できる） ・市民としての社会的責任 　（社会の一員としての意識を持ち、義務と権利を適正に行使しつつ、社会の発展のために積極的に関与できる） ・生涯学習力 　（卒業後も自律・自立して学習できる） ○統合的な学習経験と創造的思考力 　（これまでに獲得した知識・技能・態度等を総合的に活用し、自らが立てた新たな課題にそれらを適用し、その課題を解決する能力）

(出所) 文部科学省中央教育審議会キャリア教育・職業教育特別会第7回配付資料より

社会人基礎力	就職基礎能力
「職場や地域社会の中で多様な人々とともに仕事を行っていく上で必要な基礎的な能力」として、経済産業省の研究会が提言。 〔平成18年1月「社会人基礎力に関する研究会——中間取りまとめ」〕	「企業が採用に当たって重視し、基礎的なものとして比較的短期間の訓練により向上可能な能力」として、厚生労働省が提言。 〔平成16年1月「若年者の就職能力に関する実態調査」〕
○前に踏み出す力（アクション） ・主体性 　（物事に進んで取り組む力） ・働きかけ力 　（他人に働きかけ巻き込む力） ・実行力 　（目的を設定し確実に行動する力） ○考え抜く力（シンキング） ・課題発見力 　（現状を分析し目的や課題を明らかにする力） ・計画力 　（課題の解決に向けたプロセスを明らかにし準備する力） ・創造力 　（新しい価値を生み出す力） ○チームで働く力（チームワーク） ・発信力 　（自分の意見をわかりやすく伝える力） ・傾聴力 　（相手の意見を丁寧に聴く力） ・柔軟性 　（意見の違いや立場の違いを理解する力） ・状況把握力 　（自分と周囲の人々や物事との関係性を理解する力） ・規律性 　（社会のルールや人との約束を守る力） ・ストレスコントロール力 　（ストレスの発生源に対応する力）	○コミュニケーション能力・意思疎通 　（自己主張と傾聴のバランスを取りながら効果的に意思疎通ができる） ・協調性 　（双方の主張の調整を図り調和を図ることができる） ・自己表現力 　（状況にあった訴求力のあるプレゼンができる） ○職業人意識 ・責任感 　（社会の一員として役割の自覚を持っている） ・向上心・探求心 　（働くことへの関心や意欲を持ちながら進んで課題を見つけ、レベルアップを目指すことができる） ・職業意識・勤労観 　（職業や勤労に対する広範な見方・考え方を持ち、意欲や態度等で示すことができる） ○基礎学力 ・読み書き 　（職務遂行に必要な文書知識を持っている） ・計算・計数・数学的思考力 　（職務遂行に必要な数学的な思考方法や知識を持っている） ・社会人常識 　（社会人として必要な常識を持っている） ○ビジネスマナー ・基本的なマナー 　（集団社会に必要な気持ちの良い受け答えやマナーの良い対応ができる） ○資格取得 ・情報技術関係 　（社会人として必要なコンピュータの基本機能の操作や情報処理・活用ができる） ・経理・財務関係 　（社会人として必要な経理・会計、財務に関する知識を持ち活用ができる） ・語学力関係 　（社会人として必要な英語に関する知識を持ち活用ができる）

目的であった。さらに、2年次以降は、資格取得をし、事前研修を受けた学生がスタッフとして参加することが認められており、先輩学生が1年生を指導するという特徴を持った科目となっていた。

2 「野外活動実習Ⅰ」の目的

　現代の野外教育プログラムや冒険教育が理論的背景としている「体験学習理論」は、社会心理学のグループダイナミクス研究の創始者であるレビンらにより始められ、さらにＴグループという体験学習に引き継がれ、その後米国におけるNTL研究所（National Trainig Laboratories）からＴグループ研究へと発展した経緯がある。それは、"社会的感受性とコミュニケーションスキルの開発"や"リーダーシップの理解と実践のためのトレーニング、"組織開発"などへの応用教育プログラムとして展開されたとされている。本学の「野外活動実習Ⅰ」においても、体験学習理論を用いた学習サイクルをモデルとし重要視されていた。そのため、単なる知識・技能の獲得にとどまるものではなく、学習者の興味や経験をもとにした主体的な思考活動を中心にカリキュラムが構築され、自然の中での体験を通して、自然環境や人間とのかかわりについて様々な観点から考え、課題を発見し解決するための行動ができる態度や技術を養うことを目的としている。

3 「野外活動実習Ⅰ」の概要

①参加者

　愛知東邦大学人間学部人間健康学科の導入教育プログラムであり、全員履修科目である「野外活動実習Ⅰ」を受講した2008年度入学生103名を対象に授業内において、集合調査法より調査を実施した。そのうち、学外実習に参加し、誤回答やデータに欠損があるものを除き、91名（男性72名、女性31名）を分析対象とした。

②実習期間

　2008年8月6日から2008年8月8日の2泊3日であった。

③活動内容

　メインプログラムである登山を中心に個人が仲間と協力をして、課題解決、克服をする過程を重視した内容であった。また、最終的に達成感や成功体験から自己効力感が高まることを意図した内容で構成されていた（表2-2）。

④調査内容

表2-2 「野外活動実習」2泊3日のプログラム

日程	主なプログラム
1日目	開村式、アイスブレイク、野外炊飯、夕べの集い、レクリエーション、振り返り
2日目	朝の集い、軽登山、野外炊飯、夕べの集い、キャンプファイヤー、振り返り
3日目	朝の集い、イニシアティブゲーム（PA）、片づけ、閉村式、振り返り

表2-3 自己概念及び下位因子得点（n=91）

	実習前		実習後		p
	M	SD	M	SD	
劣等感	41.12	7.79	41.69	8.18	n.s.
向上意欲	35.43	4.80	36.19	4.38	*
自尊心	16.77	2.99	16.81	2.96	n.s.
自己受容	16.41	2.48	16.13	3.14	n.s.
自己概念	109.73	11.19	110.82	11.42	n.s.

*：$p<.05$

表2-4 低群における自己概念及び下位因子得点（n=23）

	実習前		実習後		p
	M	SD	M	SD	
劣等感	44.17	4.99	43.00	6.35	n.s.
向上意欲	33.96	5.17	34.43	5.90	n.s.
自尊心	16.22	2.70	16.30	2.74	n.s.
自己受容	12.04	1.92	14.39	2.23	**
自己概念	106.39	10.56	108.13	11.83	n.s.

**：$p<.01$

竹之内（2004）が作成した大学生用の自己成長性検査を用いた。自己成長性検査は、自己概念に関わる自己形成及び自己実現に関する態度や意欲を測定するものであり、31項目、4因子（劣等感、向上意欲、自尊心、自己受容）から構成されたリッカート式の質問紙である。得点化に際しては「非常にあてはまる」5点から「全くあてはまらない」1点とした。

⑤調査時期

2008年7月下旬に行われた、前期の最終講義及び、9月中旬に行われた「野外活動実習Ⅰ」事後ガイダンス時に実施した。

⑥調査結果

「野外活動実習Ⅰ」前後の自己概念得点の変化を検討するために分析を行った結果、有意な差は認められなかった（n.s.）。

また、因子ごとの比較をするために、分析を行った結果、向上意欲において、有意な差が認められた（p<.05）（表2-3）。

　さらに、自己概念が低い学生の変化を検討するために、GP分析を行い自己概念低群、自己概念高群に分類した。自己概念の低群において「野外活動実習Ⅰ」前後の自己概念の比較をした結果、低群の自己受容得点が有意に向上したことが明らかになった（p<.01）（表2-4）。

Ⅱ　考察

　自己概念を構成する因子のうち「向上意欲」が高まったという点について、飯田ら（1988）は、冒険教育プログラムの研究は、自然環境の中で危険をともなうような冒険的野外活動を通じて、様々な困難やストレスを体験し、ストレスを克服することによって成功体験を味わい、成功体験の蓄積により自己概念の向上がもたらされるという前提に立っているとしている。本研究の対象者においても、「野外活動実習Ⅰ」を通じて困難やストレスを体験しながらも、自分にできることを発見したり、他人と比較したりして新たな自分を知る機会となった。また、学生達が仲間との集団行動や課題を達成するという成功体験を積み重ねていく中で「向上意欲」が高まったと考えられる。つまり、成功体験を重ねていく上で、次も成功したい、協力して達成したいという向上意欲が高まったと考えられる。人が生きていくうえで、自己実現したいと願う気持ちは大変重要であり、そのために必要な向上したいという気持ちが「野外活動実習Ⅰ」を体験したことで芽生えてきたということである。

　自己概念低群において、向上が認められた「自己受容」について、宮沢（1988）は、①自己理解（自己の諸側面をありのままに受け容れ、自己に冷静な目を向け、自己認識していること）、②自己承認（現在の自己を否定せず、自己をそのまま承認して受け容れること）、③自己価値（自己を無価値な存在としてみたり、無意味感を持つことがなく、自己の人間的な価値を疑わないこと）、④自己信頼（現在および将来の自己の可能性を信頼し、人生や物事に対する対処能力に自信を持つこと）で構成されているとしている。先述の通り、現代の大学生は、人間関係の希薄化やコミュニケーションスキルが低く、対人ストレスへの耐性が低いといわれている。しかし本研究対象者の中にも自己概念の低い学生が、「野外活動実習Ⅰ」を通して、仲間と協力して課題を解

決するという過程でありのままの自分を受け入れ、自己の可能性を信じ、物事に対する対処能力に自信を持つことができるようになったと推察される。このことは、社会に求められる人材になるうえで、大変重要なことである。

　文部省（現文部科学省）は、1996年の中央教育審議会第一次答申「21世紀を展望した我が国の教育のあり方について──子どもに『生きる力』と『ゆとり』を」において、「生きる力」の育成を重視し、社会体験、自然体験、生活体験の重要性を指摘している。「生きる力」とは、「いかに社会が変化しようと、課題を自ら見つけ、自ら学び自ら考え、主体的に判断し、行動し、よりよく問題を解決する資質・能力でありまた、自らを律しつつ、他人とともに協調し他人を思いやる心や感動する心などの豊かな人間性であり、そしてまた、たくましく生きていくための健康な体力である」と定義されている。本学の「野外活動実習Ⅰ」を体験した学生はまさに、このような力が養われたと考えられる。そしてその能力とは、現代の大学教育に求められている、学士力、社会人基礎力、就職基礎能力に含まれる重要な能力である。したがって、十分に検討された、プログラムで構成された野外での活動を通じた野外教育は、現代の大学教育に求められている人材育成という立場においても重要であると考えられる。

Ⅲ　まとめ

　「野外活動実習Ⅰ」を体験した大学生の自己概念を部分的ではあるが高めることが示された。このことは、人間関係の希薄化やコミュニケーションスキルの低下、社会的な要因を背景に孤独感や疎外感を強く感じる傾向、対人ストレスへの耐性が低く、人間関係でのつまずきを起因とした心の問題を抱えている学生が多いという、大学教育の現状において非常に意義のあることである。また、社会に出る前の最後の教育機関であり、社会に求められ、社会で活躍する人材を育成する大学教育において、野外教育の重要性を示唆するものであった。

【参考文献】
・独立行政法人日本学生支援機構（2007）「大学における学生相談体制の充実方策について──『総合的な学生支援』と『専門的な学生相談』の『連携・協働』」独立行政法人日本学生支援機構

http://www.jasso.go.jp/gakusei_shien/documents/jyujitsuhousaku.pdf
- 飯田稔、井村仁、影山義光（1988）「冒険キャンプ参加児童の不安と自己概念の変容」『筑波大学体育学系紀要』11、79～86ページ
- 小森伸一（2011）「野外教育の理論の再考Ⅱ：その特性：基本構造（構成基礎要素：教材・教育の場・教育方法）の観点から」『東京学芸大学紀要』第63巻、31～44ページ
- 宮沢秀次（1997）「女子中学生の自己受容性に関する縦断的研究」『教育心理学研究』36（3）、67～72ページ
- 文部省（1996）中央教育審議会第一次答申「21世紀を展望した我が国の教育のあり方について――子どもに『生きる力』と『ゆとり』を」文部省（現文部科学省）
http://www.mext.go.jp/b_menu/shingi/old_chukyo_index/toushin/attach/1309634.htm
- 文部科学省（2011）中央教育審議会答申「今後の学校におけるキャリア教育・職業教育の在り方について キャリア教育・職業教育特別部会 第7回配布資料」
http://www.mext.go.jp/b_menu/shingi/chukyo/chukyo10/shiryo/attach/_icsFiles/affeldfile/2009/07/16/1278415_7.pdf
- 文部科学省（2008）中学校学習指導要領解説「保健体育編」東山書房
- 西島大祐（2008）「キャンプ実習に関する意識調査――教員養成大学カリキュラムにおける授業実践を通して」『鎌倉女子大学紀要』第16号、79～86ページ
- 佐藤豊、佐野裕（2004）「高等学校における野外教育のあり方を求めて――『総合的な学習の時間』の活用」『横浜国立大学教育人間科学部紀要Ⅰ』『教育科学』6、101～119ページ
- 清水安夫、尼崎光洋、煙山千尋、宮崎光次、武田一、川井明（2010）「大学体育における野外教育活動の可能性の検討――プロジェクトアドベンチャー・プログラムを導入したキャンプ活動におけるリーダーシップ及びフォローアーシップの養成」『大学体育』7、25～39ページ
- 竹之内隆志（2004）「スキー実習による自己概念の変容――有効な方略の検討」『スポーツ心理学研究』37（1）、49～59ページ

第3章　保育者養成から見た人材育成

藤重 育子

I　保育者の質に関する先行研究より

　保育者の質に関しては、現在多くの研究者が注目している。現場保育者を対象とした研究について以下のものが散見された。平野ら（2008）は、保育実践ができるように保育者同士が互いに刺激し合って保育を展開し、互いの存在をプラスの連鎖で高め合い育つ保育者が望まれていることや、保育者の保育力を高められる集団力は、保育と出会った時に保育集団の有能力が味わえ、個々の保育者の中に自己肯定感が育つことを明らかにしている。また秋山（2011）は、幼児教育職務実践力尺度を作成する中で、「保育者養成学生に自覚させるべき実践力の要となる実態の把握」「正負の感情や考えを適切な形で表現するための指導・支援」「園児の自発的な発見を促すための投げかけ」「環境整備による支援」という4つの指針を見出した。さらに林ら（2012）は、現場に就職した養成校出身の学生が評価されていることと必要とされる保育者の質とを比較した。養成校卒業直後には責任感や協働性、コミュニケーション能力が重視され、3〜4年後には「自ら指導計画を立てる能力」「全体的な状況を把握する力」「子どもの個々の対応力」といった、応用力や実践力が強く求められるようになると指摘している。これに先立って高原ら（2007）は保育現場経験年数1〜5年の保育者では「雰囲気作り」を一番多く行っており、6〜10年の保育者では「言葉かけ」の手だてが最も高かったことや、保育現場経験年数が浅いほど子どもに共感したり承認したりすることで意欲を盛り上げようと配慮し、子どもの主体的な活動を重要視する傾向があることを明らかにしている。これらのことから、ひとくちに保育者の質という表現であっても、職務に携わる年齢や経験などから必要な資質は異なってくることがうかがえる。

　一方で基礎となる共通項目も見受けられる。例えば、「豊かな感性」という言葉が、保育所保育指針・幼稚園教育要領の随所にみられることから、子どもの豊かな

感性と表現を伸ばすためには、イメージと動きをベースにした表現遊びを十分に実践させることや保育者自身が豊かなイメージを描き、子どもとイメージを共有できるような感性が必要である（高原ら、2007）。これに関連して平野ら（2008）は、伝えたいという感覚、表現手段は様々だが、伝えたい相手に表現することが楽しいという感覚を養うことを5領域の理解として持ちながら、自発的に生活や遊びを体験していく保育が要求されると指摘しており、保育者自身の意識の問題や、そのための訓練が養成校において必要であることが推察される。それを受けて藤重（2014a）は現場保育者15名を対象に「保育者・教育者として大切にしていること」を3点挙げてもらい、その中から「自身が最も力を注いでいること」「養成学生に望むこと」それぞれについてたずねたアンケート調査を行った。その結果、どちらも「連携・強調」項目に関しては最も多かった。次いで「自身が最も力を注いでいること」には「愛情・情熱」項目が多く取り上げられており、「養成学生に望むこと」には「明朗・ユーモア」項目が多く取り上げられるという、ずれが生じていた。志方（2006）は、先の研究において「保育者の資質に心身ともに健康であること」「子どもに対する正しい愛情を持つこと」「使命感・責任感があること」「知性・教養があること」の4項目を挙げている。しかしながら、今回の結果では、教職員または保護者との連携や人間関係に関する事項が大部分を占めていた。このことから、コミュニケーション能力を含む「連携」や「協調」といった内容は、子どもを保育教育する立場である教職員には前提条件なのかもしれない。経験年数に関わらず、チームで保育や教育を行う場面ではいずれも必要な資質であると捉えられ、子どもと正面から向き合い、また教職員同士も同じ方向を向いて保育教育にあたることが必要不可欠である。

　次に養成校の立場から、学生の意識や授業に関連した保育者の質に関する研究を見てみよう。小山ら（2012）は担当科目である「教職実践演習」の中で、保育者教育者養成学生を対象に4項目37指標について自己評価をさせた。その結果、高い指標は「使命感や責任感、教育的愛情等に関する事項」「社会性や対人関係能力に関する事項」、低い指標は「幼児児童生徒理解や学級経営等に関する事項」「教科・保育内容等の指導力に関する事項」であった。このことから、保育教育現場において、先に述べた卒業直後に必要な資質に関して、学生自身も捉えていることが理解できる。森光ら（2012）は、これからの保育者としての資質や能力の形成にあたって、現在の学生のものの捉え方を十分に把握し、学生の幼児教育に対する認識の実

態を理解した上で、授業の取り組みをしなければならないと指摘している。さらに秋山（2013）においても、優れた保育・幼児教育者を輩出するためには、養成教育段階で、両資格・両現場の要素を含んだより多角的な視点と技能の獲得を促す必要性を訴えている。これらのことから、卒業前段階で養成校の教員と学生の双方が保育者の資質に関して十分に気にかけておく必要があると解釈できる。また「保育実践演習」や「教職実践演習」等の授業科目における事例が散見できた。具体的には、「保育実践演習」に関して、学生と子育て支援センターとの連携記録（山崎、2012）や授業展開（鎌田、2012）などが、「教職実践演習」に関しては、授業報告（村松ら、2013）だけでなく、カリキュラム開発（武田ら、2013）や科目担当教員の意識に着目した研究（樫田、2013）など担当教員を対象としたものも手に取ることができた。「保育・教職実践演習」が注目される中、様々な授業展開がなされ、そのことが保育者・教育者の質に結びついているともいえるだろう。

Ⅱ　授業展開から保育者養成について考える

　授業内において実践を「振り返り・学び直し」たことが、保育観の形成に有効であった（井口ら、2013）ことに着目し大日方ら（2014）、藤重（2013、2014b）は、授業を担当する3科目からの報告を行い、保育者養成の面から学生指導と保育者を目指す学生の資質に関する考察を行う。それぞれ選択した3科目の特徴として、能動的学習が学生の成長にポジティブな影響を与えている（小方、2008）ことと、教員と学生の双方向型授業で教員とのコミュニケーションが学習意欲を高める（木野、2009）ことから、これらを共通して授業運営を行う「ゼミナール演習」「言語表現技術」「絵本・児童文化の世界」を取り上げた。また、「知る」「理解する」「応用する」といった「社会常識」の要素は「読み」「書き」「話す」という、日常的な一連の知的作業の積み重ねによって獲得可能である（松野、2011）ことから、様々な手法を用いて授業展開を行った。主軸となるのは、「グループ学習」と「振り返りシート」であった。

　1点目の「グループ学習」に関しては、近年高等教育においての活用が注目されていることから、保育者を目指す学生の学びに直結する部分に関しては、授業内でのグループによる学習を積極的に取り入れた。例えば新井ら（2013）は、一般的に大学生に求められる学びに関して、それぞれが独自の問を発見し、自分の力で答

えを導き出し、それを表現する力であることを述べており、グループの全体を見渡して、その時に必要と考えられるリーダーシップを発揮したり、他のメンバーを気遣ったり、また自分の持っている知識や視点から議論を進めたりという具合に、自分の力を他の全員のために提供する能力であると説明している。グループ学習に関して、個人が教養を育む場であるとともに、自分の身に付けた知識や思考力を他のメンバーとの関係の中で発揮する方法を学ぶ場でもあると分析しており、自分の知識や思考力を発揮して、グループ（チームや会社、社会全体）の成果の最大化に貢献することが翻って、自分の存在意義になることを示唆している。具体的に原田（2013）は、グループ学習時の授業観察指標を作成し、グループ学習による社会的コンピテンシー育成の効果を報告している。また佐々木ら（2012）によると、学習者同士が互いに自然と尊重しあうような対話的雰囲気を醸成することにより、グループ成員全員が自負心を抱いて、自分なりの居場所及び役割を得て、グループ活動に主体的に参加するようになると指摘している。大学生における共同体感覚と向社会的行動との関連について髙坂（2012）は、所属している集団の成員を信頼できるという感覚や他者に貢献できるという感覚が持てている学生は、そうでない学生よりも実際に他者のためになるような行動をしていることを明らかにしている。さらに、保育者養成校におけるグループ学習を発展させたものとして「オペレッタ」を用いた表現演習や実習なども見られた。宮本（2007）によると、オペレッタの実施は学生が実際に体験することにより、保育の現場に立った時に、子どもへのよりよい指導が行えるようになることを目的としている。また、「総合表現演習」の実践としてのオペレッタ創作活動の教育的効果を検討した古屋ら（2012）によれば、最初から自分たちで創り上げ、人に感動を与えるような発表を成功させたという共有の体験が、全ての学生に大きな満足感・充実感をもたらし、個々の学生の自信形成と今後様々なことに立ち向かう勇気や向上心の源となることが確認された。さらに、オペレッタ創作は団結力や協調性、仲間を大切に思う気持ち等の社会性を育成したり、課題遂行能力や問題解決能力も培われたりすることも示唆された。

　2点目の「振り返りシート」に関しては、西田ら（2009）によると教師と学生との間で双方向に意見や質問、感想などの交換を行うカードシステムであり、教育効果を高めるための有効なツールであることを示している。その理由として学生にとって授業時の疑問箇所を質問することができ、説明を得ることや授業展開への意見を伝え教員の教授行動に関心を抱き評価できる点、教員にとって学生の受講状況

を確認したり、授業での理解度や難関箇所を把握できたり学生の意見を収集することができる点、さらに教師と学習者とが意見を交わし合い、共通目標に向かって協力し合うことなどから、教師と学生とのコミュニケーションを促進するという点、相互コミュニケーションが返信の嬉しさ・楽しさを味わったり、講義内容の振り返りを行ったりするようになるという点を挙げている。また河野（2013）は、学生の自己評価のための補助機能を果たす授業振り返りシートを発案した。これは教員がコメントを集めてフィードバックするのではなく、学生自身がそのシートを保管し、自宅において後日学びを振り返るシステムである。授業振り返りシートの有効性に関して、学習習慣の形成、自己評価、再認の効果、学習を広げたり深めたりするきっかけとなる4点を挙げている。さらに、毎回の授業について授業振り返りシートを丁寧に完成させることが期末試験の成績を有意に高くする効果が認められた。しかしながら、これらの振り返りシートはいずれも、学生と教員の間で密に連絡を取り合うことが困難な講義において用いられており、少人数制の演習やグループ学習において用いることで、より具体的な学習支援や学生の個性や特徴を把握した上での返信となり、双方にとって有益になることが推測された。また、その延長線上に保育者養成に係る課題も見えてくるだろう。

なお、「ゼミナール演習」については1、2年生を対象に、「言語表現技術」については2年生を対象に、「絵本・児童文化の世界」については4年生を対象に行った。

1　ゼミナール演習

演習授業内において15分程度の模擬保育やグループ学習を行い、その後質問紙調査として永井（2010）のプリセプター読本より、「新人コンピテンシーチェックリスト（の中から自己成長・自己完結力を一部改変）」と、心理測定尺度集より木内（1995）の「相互独立・相互協調的自己観」、社会人基礎力（経済産業省、2006）の3種類を用いてデータ収集を行った。結果は表3-1の通りである。1年生においては「相互独立的自己観」の人数が、2年生においては「相互協調的自己観」の人数が多いことなど、学年が上がるにしたがって変化が見られた。さらに、1、2年生両学年において、相互協調的自己観得点が高い学生は「自己成長」「自己完結力」を示すコンピテンシーの得点が高い結果となった。このことから、協調性を持つことが子どもの命を預かる保育の現場において必要な資質であることに関係しているの

表3-1　相互独立・相互協調性尺度から見る人数とコンピテンシー得点

	1年生 (n=13)		2年生 (n=12)	
	人数	コンピテンシー得点	人数	コンピテンシー得点
自己観低群（相互独立性）	8名 (61.5%)	13.9点	5名 (41.7%)	17.8点
自己観高群（相互協調性）	5名 (38.5%)	16.6点	7名 (58.3%)	19.5点

表3-2　学年による社会人基礎力平均値（全体・下位項目）

	全体	アクション	シンキング	チームワーク
1年生 (n=13)	3.16	3.08	2.95	3.31
2年生 (n=12)	3.34	3.22	3.05	3.54

表3-3　社会人基礎力（下位項目）における人数のばらつき

		前に踏み出す力【アクション】			考え抜く力【シンキング】			チームで働く力【チームワーク】					
		1	2	3	4	5	6	7	8	9	10	11	12
5件法	5	2	0	0	0	0	1	0	2	5	2	4	3
	4	6	10	8	6	6	7	4	14	14	11	14	8
	3	13	12	11	13	14	12	11	6	7	11	6	8
	2	5	4	7	7	6	4	9	4	0	1	2	5
	1	0	0	0	0	0	2	2	0	1	1	0	2

ではないかと考えられる。また人数に関して、わずかではあるが1年生の場合には自己観低群が多かったことに対して、2年生の場合は自己観高群の方が多かった。学年が上がるにつれて、グループ学習の大切さに気付くこと、同じ目標を持つ仲間とのチームワークを保つ重要性や共に刺激しあいながら専門性を高めようとする気持ちの表れなどの理由が考えられるだろう。次に全12問（下位3分類）から成る社会人基礎力について、学生に5段階で自己評価をさせた結果、表3-2に示した通り2学年を比較すると、全体の平均値・各下位分類に関しても2年生の方がより高い値となった。実習を経験して、将来の目標が明確になった結果であると考えられる。また表3-3では、12問それぞれの評価における偏りを見るために、選択した評価の人数を示した。他の2分類と比べて、「チームで働く力」項目に関しては全体的に高い評価を示していた。特に能力要素「柔軟性」を表す、問9「意見の違いや立場の違いを理解する」に関して、常に取り組んでいる学生が5名存在した。これらから、チームで行う保育や教育現場において、欠かせない資質は備えているも

のの、行動面や実践面においてはまだまだ課題が残ると考えられる。

2 言語表現技術

　講義内において、受講学生全39名を1グループ4〜6名からなる8グループに構成し、グループ学習として児童文化財を制作した後、各グループ10分間程度の発表を行った。その後質問紙調査として菊池（1988）の向社会的行動尺度（大学生版）を用いたデータ収集と、自己評価（活動と発表を含む）と他者評価、教員による評価がそれぞれ5段階評定で行われ、グループ学習の効果を総合的に分析した。

　その結果を平均値で示したところ、男性では他者からの評価が、女性では教員からの評価が、それぞれ向社会的行動高群において4.0点以上という高い値が得られている（表3-4、3-5）。このことから、本人の自己評価はどうであれ、向社会的行動については高い評価を受けているが、評価者が教員と他者（仲間）というように男女間で違いのあることは興味深い。しかし、男女ともに向社会的行動高群においては、発表の自己評価が低くなっていることから、高群では謙虚さの姿勢が強いためか、または制作作品に高い完成度を求めているがなかなか満足のいく作品ができなかったためなどの理由が考えられる。一方、男女ともに向社会的行動得点の高群よりも低群において、発表の自己評価が高い。これに関連して、髙坂（2012）が向社会的行動と自己受容との相関を検討したところ、男性において負の相関が認められたことについてのみ、これらの結果と対応しているように思われる。この現象については、向社会的行動をあまりしない個人は、そのことで周囲から評価を受けることが少ないので、自己評価を高くすることにより、補償的に承認欲求を自己充足していることが考えられる。またこの傾向は、文化的に社会から何らかの達成をより強く求められる人において強いことが想像できる。

　学生の振り返りシートからも、向社会的行動がグループ学習の質に影響を及ぼす意見が認められた。すなわち、多くの成員において向社会的行動がなされるならば、グループの学習活動や制作の質、その発表方法がより高度となり、自身の満足度や他者からの高評価に繋がるのではないかと推測される。また少人数のグループ活動における他者の行動が刺激となり、自分の行動を振り返るきっかけになるという記述も見られた。

　向社会的行動とは、相手のためになることを意図して行う行動や社会のために有益な援助的行動であり、将来保育職に携わる学生にとって不可欠な資質であると

表 3-4　向社会的行動尺度から見る各評価（男性 n=10）

	向社会的行動尺度	
	高群（平均 60.3）	低群（平均 46.3）
自己評価	3.60	4.30
他者からの評価	4.24	4.10
教員からの評価	2.33	3.00

表 3-5　向社会的行動尺度から見る各評価（女性 n=29）

	向社会的行動尺度	
	高群（平均 62.3）	低群（平均 48.6）
自己評価	3.33	3.88
他者からの評価	3.70	3.91
教員からの評価	4.56	3.38

考えられた。自身の行動を客観的に見ることや他者の視点から得た情報を学生にフィードバックするなどして日常的な向社会的行動を育成することの重要性について指摘する。

3　絵本・児童文学の世界

江崎（1997）は創造性豊かな人材育成を目指す教育として、「創造活動」という科目の中で、学生が1つのものを制作して充実感や主体性・積極性を養成することに教育的な効果が得られることを明らかにしている。そこで演習内において絵本制作に取り組んだ。また西本（2003）によると読み聞かせを行う際に、手遊びやちょっとしたクイズなど、さまざまな遊びを組み込むことで、子どもたちはお話の世界に入りやすくなり効果的であると指摘している。このことから絵本制作と副教材の制作を同時に並行して行い、子どもを絵本の世界へ導きやすい環境作りも考えた。授業終了後に、受講学生の授業満足度を測るアンケートと質問紙調査として平石（1990b）の自己肯定意識尺度（対自己領域）を用いてデータ収集を行った。

その結果、授業満足度授業からは「積極性」や「充実感」の数値が高く、授業内における制作の満足度が高いことがうかがえた。また全体を通して見ても、制作するにあたり受講学生同士の話し合いをはじめ、同じ目標を持つ仲間との協同作業を通して意識を高めることができたように見受けられる。また表 3-6 のように、自己肯定意識尺度の対自己領域において授業満足度が高いほど、「自己受容」「自己実

表3-6　各尺度得点の平均点

	授業満足度	
	高群（n=3）	低群（n=3）
授業満足度平均点	4.3	3.4
自己受容	4.6	3.3
自己実現態度	3.3	2.7
充実感	2.9	2.6

現態度」「充実感」が高い傾向にあるといえる。自己受容が高い学生においては、自分の役割や得意分野を見極めることができており、また同時に他者の理解もできていることが多いように見受けられた。また協同作業を進めるにあたり、それぞれの能力を発揮することができるため、授業満足度に結びついたのではないかと考えられる。さらに自分が不足している点においても、他者の意見や作業内容を認め、自分の知識として、吸収していたのではないだろうか。「自己実現態度」が高い学生においては、自身が卒業後の進路に向けて目標意識をしっかりと持ち、授業に取り組む姿勢や作業においての充実感から、将来像を捉える働きを助長しているのではないかと考えられる。岩永ら（2008）によれば、子どもが主体的活動や製作・創作活動を通して「他者からの承認・賞賛」を受けることにより、「自己の有用感・効力感」ないしは「達成感・成就感」を感じられることが自己肯定意識（自尊感情）の向上につながると述べている。このことから、今回の絵本制作を含む演習全般において、授業満足度が高ければ自己肯定意識が高まると考えられるのであれば、学生同士がより授業に積極的に参加し責任を持って作業に取り組むことで協調性等が高まることも考えられる。

Ⅲ　保育者養成から見た人材育成

　保育現場において、チームで行う業務場面は多々見られる。その際、いかに連携して子どもの保育や教育に携われるか、という点は欠かせない。またアンケート結果からも見られたように子どもと関わる職業において、ユーモアがあることや明朗であることは絶対的な条件だともいえるだろう。しかしながら、先行研究に見られた通り、使命感や責任感を持ち備えていることや、知性教養があること等に関しては、必ずしも保育士や幼稚園教諭に特化した内容とは限らない。むしろ高等教育を

修了した社会人全般に言えることだろう。ともすれば、職業に関係なく、授業展開から見られた協調性を持つこと、向社会的行動の頻度や自己肯定感を高めるということは、現在社会において強く要求されている汎用的能力に結びつくのではないだろうか。特筆すべき点は、学生自身や周囲の人間がどれだけ卒業後の見通しを持ち、行動にうつすことができるかどうかである。保育者養成校の学生に限ってはその点、目的を持って選択した専門機関であること、また仲間と同じ目標を掲げて前進していくという環境が強みであり、人材育成にはプラスに働いているのかもしれない。

【参考文献】
・秋山真奈美（2011）「現場で求められる幼児教育職務実践力とは？――幼児教育職務実践力尺度の作成を通して」『佐野短期大学研究紀要』第22号、129～141ページ
・秋山真奈美（2013）「現場で求められる幼児教育職務実践力とは？（2）――『幼児教育職務実践力尺度』を作成するための調査結果における保育所保育士と幼稚園教諭の比較」『佐野短期大学研究紀要』第24号、45～57ページ
・新井和広、坂倉杏介（2013）「アカデミック・スキルズ グループ学習入門――学びあう場づくりの技法」慶応義塾大学出版会
・江崎秀司、今堀信昭（1997）「創造性豊かな人材育成を目的とした創造活動の試行」『日本機械学会論文集B編』63巻608号、1475～1480ページ
・藤重育子（2013）「保育者養成校における絵本制作の試み――『絵本・児童文学の世界』受講学生の取り組みから」『関西教育学会年報』第37号、131～135ページ
・藤重育子（2014a）「現場の保育者・教育者から求められる保育者養成学生の資質に関する調査」『東邦学誌』第43巻第1号、131～140ページ
・藤重育子（2014b（印刷中））「保育者養成校における学生指導に関する一考察――演習授業の振り返りから」『関西教育学会年報』第38号
・古屋祥子、沢登芙美子、高野牧子（2012）「保育者養成校におけるオペレッタ創作活動の教育的効果――2011年度『総合表現演習』の実践から」『山梨県立大学人間福祉学部紀要』7巻、31～48ページ
・林悠子、森本美佐、東村知子（2012）「保育者養成校に求められる学生の資質について――保育現場へのアンケート調査より」『奈良文化女子短期大学紀要』43巻、127～134ページ
・原田信之（2013）「グループ学習による社会コンピテンシーの育成と評価」『岐阜大学教育学部研究報告教育実践研究』15巻、171～178ページ
・平石賢二（1990b）「青年期における自己意識の発達に関する研究（I）――自己肯定性次元と自己安定性次元の検討」『名古屋大学教育学部紀要教育心理学科』37巻、217～

234ページ
- 平野仁美、小島千恵子、鈴木裕子（2008）「保育の場における保育者の育ちあいⅡ——遊び場面の実践記録検討を中心とした学び」『名古屋柳城短期大学研究紀要』第30号、125 〜 138ページ
- 井口眞美、生野金三、松田典子（2013）「教職実践演習の実証的研究——保育観・授業観の形成を志向して」『実践女子大学生活科学部紀要』第50号、21 〜 38ページ
- 岩永定、藤岡恭子（2008）「市町村教育委員会関係者の学社連携事業に対する意識と課題」『鳴門教育大学研究紀要』第23巻、63 〜 73ページ
- 鎌田由紀子（2012）「保育者養成校における『保育実践演習』の授業展開と一考察」『江戸川学園人間科学研究所紀要』第28巻、147 〜 158ページ
- 樫田健志、高旗浩志、江木英二、曽田佳代子、三島知剛、後藤大輔、加賀勝（2013）「全学教職課程における『教職実践演習に向けての取組』——教科専門科目担当教員の意識に着目して」『岡山大学教師教育開発センター紀要』第3号、171 〜 178ページ
- 河野義章（2013）「大学における授業振り返りシート導入の試み」『昭和女子大学生活心理研究所紀要』15巻、11 〜 20ページ
- 菊池章夫（1988）「思いやりを科学する——向社会的行動の心理とスキル」川島書店
- 木野茂（2009）「教員と学生による双方向型授業——多人数講義系授業のパラダイムの転換を求めて」『京都大学高等教育研究』第15号、1 〜 13ページ
- 木内亜紀（1995）「独立・相互依存的自己理解尺度の作成および信頼性・妥当性の検討」『心理学研究』第66巻、100 〜 106ページ
- 髙坂康雅（2012）「大学生における共同体感覚と社会的行動との関連」『和光大学現代人間学部紀要』5巻、53 〜 60ページ
- 小山優子、栗谷とし子、白川浩（2012）「保育者養成における『教職実践演習』の取り組み（1）」『島根県立大学短期大学部松江キャンパス研究紀要』第50巻、53 〜 62ページ
- 森光義昭、関聡（2012）「保育・教職実践演習（幼稚園）の授業展開と課題」『久留米信愛女学院短期大学研究紀要』第35号、57 〜 66ページ
- 村松和彦、伊東明彦、加藤謙一、茅野理子、松本敏、丸山剛史、南伸昌、池本喜代正、由井薫、荏原寛一、永井明子（2013）「平成24年度教職実践演習試行報告」『宇都宮大学教育学部教育実践総合センター紀要』第36巻、1 〜 8ページ
- 松野弘（2011）『大学生のための「社会常識」講座——社会人基礎力を身に付ける方法』ミネルヴァ書房
- 宮本智子（2007）「保育者養成校におけるオペレッタ授業の効果——表現力の観点から」『国際学院埼玉短期大学研究紀要』28巻、19 〜 27ページ
- 永井則子（2010）『パッと見てわかる・チームで支える新プリセプター読本』メディカ出版
- 西田順一、橋本公雄、山本勝昭（2009）「『大福帳』を用いて対人コミュニケーションスキル支援を意図した大学体育実技が初年次学生の大学適応感に及ぼす影響」『大学体育

学』6巻1号、43 〜 54ページ
・西本鶏介（2003）『子どもがよろこぶ！　読み聞かせ101冊ガイド』講談社
・大日方重利、藤重育子（2014（印刷中））「『言語表現技術』を受講した保育学生における表現活動のグループ学習効果」『大阪聖徳保育・福祉論叢』第29号
・小方直幸（2008）「学生のエンゲージメントと大学教育のアウトカム」『高等教育研究』第11巻、45 〜 64ページ
・佐々木英和、戸室憲勇（2012）「対話的雰囲気を活用したグループ学習の手法——引き出しあい、つなぎあって、まとめあげる手順」『宇都宮大学教育学部教育実践総合センター紀要』35巻、399 〜 406ページ
・志方俊江（2006）「保育所実習指導の方向性を探る——総合評価・総合所見及び自己評価を通して」『千葉敬愛短期大学紀要』第28号、153 〜 162ページ
・高原和子、瀧信子、宮嶋郁恵（2007）「保育者の保育内容『表現』の関わりとその方法——表現活動を引き出す手だてについて」『福岡女学院大学紀要人間関係学部編』第8巻、57 〜 62ページ
・武田明典、村瀬公胤、八木雅之、宮木昇、嶋崎政男（2013）「教職実践演習のカリキュラム開発——初任教員のニーズ調査」『神田外語大学紀要』第25巻、307 〜 330ページ
・山崎敦子（2012）「保育者養成校の学生と子育て支援センターとの連携の在り方について——『保育実践演習』におけるペープサートを使用した活動を通して」『東北生活文化大学・東北生活文化短期大学部紀要』第43巻、123 〜 130ページ
・「社会人基礎力」（経済産業省HP）
http://www.meti.go.jp/policy/kisoryoku/about.htm

第4章　法学教育による人材育成

高間 佐知子

はじめに

　大学における法学教育は大きく二つに分かれ、一つは法学部での法学教育、もう一つは法学部以外の法学教育である。本章では、専ら後者の法学教育、なかでも経営学部における商法や民法といった私法領域の教育にしぼって論じることにする。

　まず、経営学部における法学教育とはどのようなものかを示す。特に、法学部での法学教育との相違を意識しながら、大学教育としての問題点や理想と現実のギャップを明らかにしたい。

　次に、法学教育においてPBLといった体験学習がどのような意味をもつのかを検討したい。

　そして、経営学士として社会に出るにあたり、大学における法学教育が人材育成という側面からどのように貢献できるのかを考えて結びとしたい。

I　法学部における法学教育

　法学部における法学教育は、法律知識をもとにして法解釈を学ぶことによって、よりよい社会を形成する上で法律をどのように扱うべきかを学び、また、裁判例を通して法律問題のよりよい解決策を検討することに主眼が置かれている。法律知識に基づく法律学に独特の考え方を学び、いわゆるリーガルマインドの養成が特に期待されている。リーガルマインドとは、法的思考とも言われるもので、社会で生じた様々な事象について法律を通して考え、一定の結論について、特に結論に至る過程で法律知識を生かし、論理的に説明できる思考能力のことである。リーガルマインド自体は思考なので、学習によって誰でも得られるものではあるが、そもそも法律知識が備わっていないと思考がリーガルにはならない。そこで、法学部ではまず

知識の習得を大学1年から2年にかけて行うことが多い。そして、3年生から4年生にかけて習得した知識をもとにリーガルマインドの養成として事例などを検討し、学生が自らの考えを論理的に展開するような学習へと移行していく。

　1年生での履修科目は教養科目の割合が多くなるものの、必修科目として法学などといった法律全般に通じる科目があり、リーガルマインドの導入教育が行われる場合もある。また、法学部なので当然ではあるが、憲法や民法といった基礎的な法律は1年生から学ぶカリキュラムをとる大学は多いと思われる。

　また、リーガルマインドを養成する上で、実際の裁判例を用いることが通常であるが、そうなると一つの法律についてある程度の知識や他の関連科目とのつながりも理解しておく必要があり、膨大な時間をかけて最低でも条文に関する知識を習得しておかなければならなくなる。例えば、憲法の学習には最低でも2コマ分の時間が用意されていることが多く、民法にいたっては6コマほどの時間を使ってたった一つの法律を学習していく。そして、3年の専門演習などで実践的なリーガルマインドの養成を行っていくのが理想的な姿と思われる。あくまで理想的なカリキュラムと理想的な学習意欲をもった学生像に基づく姿ではあるが、法学部生としての人材育成を考えた場合、身につけておくべき、または身についていると社会から期待されるところの能力を実際に習得させるのにかなりの学習時間の確保がなされていなければならない。これが法律学の学習そのものが高度で専門性が高くなっている要因であるのかもしれない。つまり、法学教育がカリキュラム上は教養と位置付けられていたとしても、人材育成という点を考えた場合、専門性が高くならざるを得なくなるのである。

　一般的に法律を学ぶといった場合、単純に法律の条文を覚えるだけでは本当の意味で法律を理解したことにはならない。もちろん条文は覚えるまたは知っているだけでも解決できる問題はあり、無駄な知識ではないことは確かではあるが、法解釈をすることで自己の主張を論理的にするためには、条文には現れてこない判例、学説、立法者の意思、制度趣旨など様々なことを知る必要がある。特に、判例や学説は他者の考えであって、何が正解か不明であったり、そもそも正解がなかったりする。したがって、自己の主張も答えではなく一つの主張であり、結論よりも理由づけといった検討過程が重要視される。そこにリーガルマインドが必要とされてくるのであって、専門性の高い学習を通して初めて社会から期待される人材を育成できると言えるのではないか。逆に、いわゆる教養程度で法律を少しかじって条文を少

し覚えた程度であれば、本来的な法学教育とは言い難い中途半端な学習になる可能性はある。では、経営学部において法学教育を行うことは人材育成という視点ではどのように評価できるのであろうか。

II　経営学部における法学教育

　経営学部での法学教育の特徴としては、内容的には専門性が高い分野と位置付けられているものの、法学部とは異なり教養的要素が強くならざるを得ない。専門的でありながら教養として法律を学ぶというのは、ある意味で矛盾をかかえており、いったい何を教育するのか焦点が定まらない危険性をはらむ。
　そもそも経営学部において法律科目はどのような位置づけであるかと言えば、教職の必修科目である憲法があり、ビジネス関連科目として民法や商法が置かれている場合が多い。その他に、様々な経営関連の法律をつまみ食いするようなビジネス法といった科目が置かれることもある。憲法はおそらくどの大学でも経営学部であれば一般教養科目として位置付けられていて、その他の民法や商法は専門科目に位置付けられることが多いのではないか。
　ではなぜ経営学部において法律科目が設置されているのであろうか。憲法は教職との関係で置かなければならないので別として、民法や商法などの他の法律科目に関しては各大学で必要であろうと考えられて設置されている科目である。おそらく多くの場合、経営を行うにあたって違法行為をするわけにはいかない、当たり前だが法律は守らなければならない、そこで何が違法行為となるのか、守るべき法律を知る必要があるというのが理由として大きいのではないか。そうであれば、法律知識の習得がメインとなってきて、細かな法律解釈までは必要ないともいえる。ある意味で法学教育としては入り口となる条文を覚える段階が主たる学習内容になってくるのではないか。もはやこの程度の学習であれば、知っているか知らないかの問題であり、必ず正解のある問題に対処する記憶力があればよいということにもなる。
　しかし、人材育成という点を考えた場合、ただ法律を少し覚えただけで何かが育成されたと言えるのかは疑問である。社会的に役立つほどの法律知識というのであれば、もはや弁護士などの専門家並みの知識量を有していなければ、とても役立つレベルには至らない。この問題は、なにも経営学部の学生だけでなく、最近では法

学部の学生にも言えることだが、大学を卒業して就職をする場合に学部卒業レベルの法律知識では企業の法務部での採用は難しく、法律知識を生かして仕事をしたいのであれば、ロースクール（法科大学院）まで行く必要があるというのが現実ではないか。それも一つの理由として、最近では法学部の人気が落ちているのかもしれない。つまり、教養レベルの知識だけではとても法律を学習したと社会では評価されず、大学の法学教育によって社会から期待される能力をもつ人材を輩出するのは困難な状況になりつつある。法学部であってもこのような状態であるならば、経営学部における法学教育では人材育成などなおさら困難ともいえる。

　また、法学部と決定的に違うのは学習時間である。憲法、民法、商法などそれぞれの法律ごとで科目としてはせいぜい1コマが用意されている程度である。単純に知識だけを問題にしたとしても明らかに学習時間は足りないため、人材育成といえるほど効果的な教育ができるかは疑問である。つまり、リーガルマインドや論理的思考といったものの養成を経営学部で行うには知識習得に時間がかかりすぎることを考えると、カリキュラム的にも無理が生じてくる。

Ⅲ　経営学部の演習における法学教育

　経営学部では法律科目が教養科目または専門科目であって、さらに選択科目となっていることから、人材育成を考えた場合、講義科目よりも演習科目での教育を念頭に置いた方がいいのかもしれない。では、演習において法学教育による人材育成はできるのだろうか。そもそも経営学部でありながら、なぜ法律の演習を選択する学生が出てくるのか。多くの学生は、経営学部生ではあるが、特別にやりたいこともなく、経営に興味があるとも言えず、将来やりたいことも明確ではない場合、なんでもいいので演習は法律でもよいといって選択しているケースも少なくない。もちろん、このような特徴は一般的にいえたことではなく、少なくとも筆者の演習にやってくる学生の特徴でしかない。ただ、本当にはっきりと法律を学びたいというのであれば、経営学部ではなく法学部を選択している可能性が高いだろうし、就職に役立つとも言い難いので、やはり何となく学生が集まっているようだ。実際に、法律の講義科目を一つも履修せずに演習だけ法律という学生もいるくらいである。

　さて、集まる学生にもよるが、演習でリーガルマインドを養成するには知識が足

りないどころか、知識がまったくない状態でスタートすることが多い。現状として、六法の使い方や条文の読み方といったところから教育している（せざるを得ない）わけだが、これで人材育成がなされているとは言えない状況である。判例などを使った実践的な教育をする前に基礎知識の習得に終始してしまう。教養として法律をかじればよいと割り切れればいいのかもしれないが、人材育成となるとあまり効果的な教育ができているとは言い難いのである。

　法律関連の検定などの学習をするにしても、やはり検定というのは法律知識の習得を目指しており、最低限の法律知識があれば合格できる内容となっている。せいぜいある程度の記憶力が備わっていることや、法的なボキャブラリーが理解できることが担保されるだけであって、特別に法的な人材育成にはつながらないように思われる。

Ⅳ　法学教育と体験学習 (PBL)

　最近は法学教育でも PBL という名称は使われていなくても、いわゆる体験学習について特にロースクール（法科大学院）ではかなり重要視されている。ロースクールは法律家のなかでも実務を中心に社会で活躍する人材を育成する専門特化した大学院であるため、教育プログラムとしても実務を実際に体験することで即戦力を養成する必要性がある。

　では、法学部では体験学習が行われているかと言えば、講義においてはケースメソッドという形で裁判例を題材にして法解釈を学ぶような教育方法がとられることがある。ただ、やはり大講義室で行われる科目ではきめ細かな指導はできず、本来の体験学習で得られる効果と同程度のことができているかは疑わしいところである。演習において同様な裁判例を題材とした学習を行うことはあり、大講義室での講義よりは効果的な学習が可能と思われる。

　実際に、ロースクールでの講義は少人数での教育が中心となっているため、体験学習はやりやすいという特徴がある。むしろ、体験学習が主たる教育プログラムとなっていることから、最初から大講義室で大人数に向けて講義するといった形態はとられていないと言った方が正しいのかもしれない。

　ケースメソッド自体は非常に古くから行なわれている教育方針であって、法学教育の中心ともいえる。もともとケースメソッドは、アメリカで発達したものであっ

て、判例法主義の国では当たり前の教育手法である。法そのものや法解釈がすべて判例によって形成されていくアメリカ法では、裁判例の積み重ねを理解することが法を理解することになる。

　日本法はどうかと言えば、制定法主義であるため、まずは制定された法（具体的な条文）を学び、その法解釈を補うように裁判例の学習がある。したがって、もともと日本法を学ぶにあたっては、ケースメソッドは基本的な知識を習得したことを前提にして、応用的に裁判例を用いたケースメソッドが採用されるのである。つまり、法学部においても法学教育として体験学習を位置付けた場合でも、十分な法律知識を有していなければ効果的な体験学習とはならないのである。

　では、経営学部において法学教育として体験学習はどのように活用できるのか。従来の法学教育で行われてきたケースメソッドは、やはり経営学部ではハードルが高く、教育効果が十分に得られなくなる可能性は高い。基礎知識もなく裁判例を利用してケースメソッドを形として行ったとしても、結局のところ理解できず、学習効果として知識の定着がなされるかどうかは疑問である。基礎的な法知識を習得する必要があるのだが、時間的な問題もあってケースメソッドにたどり着かずに、法知識の習得に終始するといったこともあり得るのである。

　最近の体験学習は講義による知識の習得を代替するような教育方針として位置づけられていることが多いように思われるが、知識なくして体験学習を行うことで新たに知識を得るというのは、あまり法学教育となじまないのではないかと考える。法学教育は、単なる思いつきやアイデアだけで進められるようなものではなく、厳密な法知識をいかに活用するかを学ぶものである。これは法学教育の特性上、他の学問分野とは異なるものであって、経営学で行われているような体験学習と同様なことができるかと言われれば、非常に難しいところである。

　体験学習というのは専門知識を何らかの体験を通して活用することでよりよい学習を行うものであって、専門知識もなく単に何らかの体験をすること自体を学習ととらえるのは大学教育とは言い難いように思われる。知識の定着を図るという体験学習の目的は理解できるのだが、知識もなしに何かを体験しただけで得たものは、専門知識とは違った一般的な社会勉強ではないか。もちろん、社会に出る前に社会勉強をさせることで、社会で通用する人材を育てるという発想は否定しない。ただ、専門知識の習得を無視して社会勉強をさせることがよいという風潮があるのだとすれば、そもそも大学とはどのような存在なのかを問い直す時期であるというこ

となのかもしれない。

　はたして社会が求める学士とはどういった人材なのだろうか。従来であれば、高い専門知識を有しており、専門的な理解力があるといった点が大きな要素となっていたように思われるが、選抜性の低い大学ではそもそも専門知識を有しているかどうか疑わしいといった社会からの評価、または、専門知識を有しているといったこと自体が要求されていないのではないかという大学側の諦めもあるのではないか。しかし、大学としては何らかの学習行為をさせなければ教育機関としては成り立たないのであって、そこで新たに考え出されたのが一般的な社会勉強のような体験学習なのではないか。

　専門的な学習ばかりでは視野の狭い人材になりがちであるという見方もあり、だからこそ社会勉強によって視野を広げることで社会にいち早く適応できる人材を育てるということを否定するつもりはないし、むしろ、その必要性も十分に感じているところではある。いわゆる社会勉強にもなり得る学問分野であれば体験学習について、あくまで「体験」を主にすることは可能である。

　では、法学教育ではどうなのだろうか。近年、我が国で裁判員制度が採用されたことによって法律に一般市民が関わる機会が増えてきた。裁判員になれば、裁判官とほぼ同様の立場で法律問題の解決を「体験」することになる。ただ、ここで言う「体験」とは文字どおり何かを行うだけではなく、法律知識をもってして判断することが「体験」となる。また、法解釈は厳密でなければならず、斬新な発想や新たなアイデアといったものよりも、公正な立場でなるべく間違いのない妥当な結論をいかに出すかが重要となる。この妥当な結論を導くのに必要なのが、専門的な法律知識と論理構成力なのである。法学部においても数年かかって基本的な知識の習得をしなければ本当に効果的な体験学習はできないはずであるのに、経営学部において限られた時間の中で効果的な体験学習を行うのは至難の業である。もしも、法律知識なくして体験学習と称してケースメソッドをやったとしても、形ばかりであって本来の体験学習とは異なるものになってしまう。言ってみれば、体験学習という形を整えることで、なにか効果的と思われる教育手段をやっていると教員や大学側が自己満足して終わってしまう危険性すらあるのではないか。学問分野の特性を理解した上で、いわゆる体験学習を取り入れなければならないのであって、とにかく体験学習を何かやらなければならないという発想で動いてしまうことは避けるべきである。

おわりに

　あくまで経営学士として社会に出ていく学生に対して、法学教育がどのように貢献していけるのか。法学部生ではないことから、高度に専門的な法律知識を有するということまで要求はされていないだろうし、経営学部における教育プログラムとしても無理がある。では、なぜ経営学部で法律を学ぶのか。

　あくまで教養教育の一環として法律に触れさせることで専門的な視野を広げるということが言える。つまり、社会から求められているということではなく、学生の個人的な問題としてとらえれば、法律学も専門的でありながら、あくまで教養と割り切ることができる。教養としてとらえるのであれば、すべての学生が頑なに知識を習得しなければならないというわけではなく、今まで見たことのない法律という世界を垣間見るだけでも意味はあるとも言えよう。そう考えると、従来型の講義形式を完全に否定する必要はないだろうし、逆に体験学習を効果があるかどうかは別にして、少し気楽に取り入れてみてもよいだろう。

　法律という誰しもが一歩退いてしまいそうなイメージのものに対して普通に接してみることができるという姿勢そのものは、社会でも役に立つ要素があるのであって、法学教育が貢献できる一つの側面なのかもしれない。

【参考文献】
・陶久利彦『法的思考のすすめ［第2版］』法律文化社、2011年、136 〜 140ページ
・鳥飼重和『リーガルマインド養成講座』商事法務、2003年、307 〜 312ページ
・弥永真生『法律学習マニュアル』有斐閣、2001年、8 〜 18ページ
・米倉明『民法の教え方──一つのアプローチ』弘文堂、2003年、65 〜 76ページ

第 2 部
学生の「社会人力」育成の試み

　愛知東邦大学における就業力育成プログラムは2010年度文部科学省選定事業（大学生の就業力育成支援事業）として採択された。そのタイトルは「地域連携PBLを核とした就業力の育成」、サブタイトルは「学生が自らを振り返り、自らの気づきからともに成長する教育プログラムの開発」である。

　第2部では、本事業における中核である「地域連携PBL」、特に、取り組み当初に手探りながらも、学生の「社会人力」育成のために試みられた事例として、その各取り組み担当者が当時を振り返り考察したものを中心にとりまとめた。

第5章 「愛知東邦大学 就業力育成支援事業」の概要

小柳津 久美子

　就業力育成支援事業は、入学から卒業までの間を通した全学的かつ体系的な指導を行い、学生の社会的・職業的自立が図られるよう、文部科学省が行った大学の教育改革の取組を支援する事業である。『就業力』とは「学生が、卒業後、自らの資質を向上させ、社会的・職業的自立を図るために必要な能力」(文部科学省、2010)と定義されている。就業力育成支援事業自体は、2011年度を以て終了しているが、「就業力」については、2011年大学設置基準改定においても、「大学は、当該大学及び学部等の教育上の目的に応じ、学生が卒業後自らの資質を向上させ、社会的及び職業的自立を図るために必要な能力を、教育課程の実施及び厚生補導を通じて培うことができるよう、大学内の組織間の有機的な連携を図り、適切な体制を整えるものとすること」(文部科学省、2011)とあり、大学が学生に身に付けさせるべき力とされている。

　本章では、就業力育成の取り組みとして、カリキュラム内外を通した教育としてカリキュラムの一部の再編にまで踏み込んで実施を試みている事例として、愛知東邦大学(以下、同大学)における就業力育成支援事業の概要を明らかにする。内容は、2010、2011年度の事業報告書(愛知東邦大学、2010、2011)を元にし、実施の中心となる学修支援センターの一員として関わった教員の視点を交えながらまとめたものである。故に、ここで書かれている見解については、同大学および、所属の学修支援センターによるものではなく、業務を担当した、筆者個人の見解であることを最初に断っておく。

I　就業力育成支援事業全体像

　同大学における就業力育成支援事業は、2010年度文部科学省選定事業として採択された。タイトルは「地域連携PBLを核とした就業力の育成」サブタイトルは「学生が自らを振り返り、自らの気づきからともに成長する教育プログラムの開発」

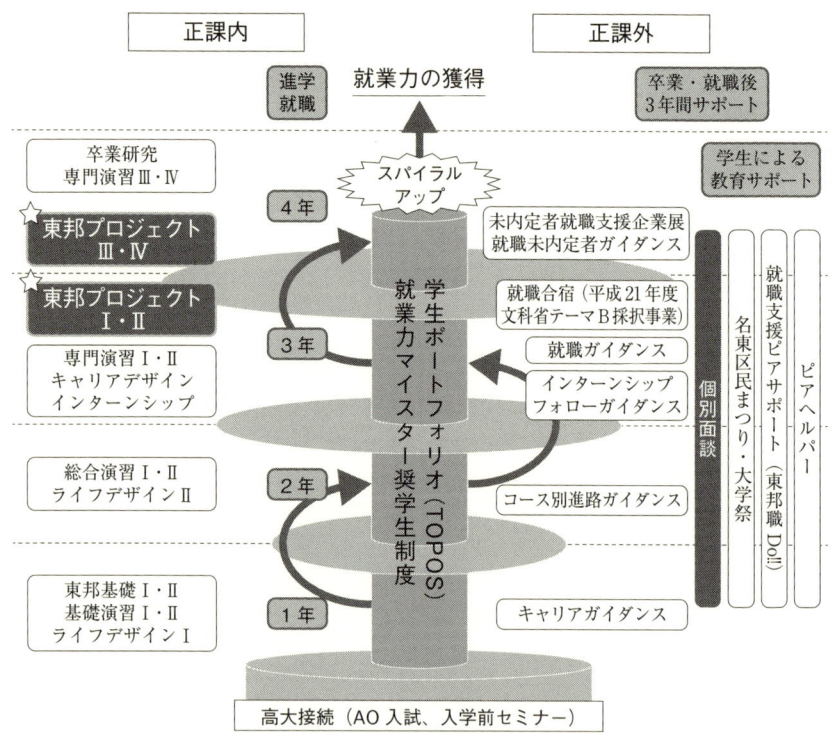

図5-1 就業力育成教育プログラム

正課内		正課外

就業力の獲得 ／ スパイラルアップ

進学・就職 ／ 卒業・就職後3年間サポート

学生ポートフォリオ／就業力マイスター奨学生制度（TOPOS）

4年
- 卒業研究／専門演習Ⅲ・Ⅳ
- ☆東邦プロジェクトⅢ・Ⅳ
- 未内定者就職支援企業展／就職未内定者ガイダンス
- 学生による教育サポート

3年
- ☆東邦プロジェクトⅠ・Ⅱ
- 専門演習Ⅰ・Ⅱ／キャリアデザイン／インターンシップ
- 就職合宿（平成21年度文科省テーマB採択事業）
- 就職ガイダンス
- インターンシップフォローガイダンス
- 就職支援ピアサポート（東邦職Doll）

2年
- 総合演習Ⅰ・Ⅱ／ライフデザインⅡ
- コース別進路ガイダンス
- 名東区民まつり・大学祭
- 個別面談
- ピアヘルパー

1年
- 東邦基礎Ⅰ・Ⅱ／基礎演習Ⅰ・Ⅱ／ライフデザインⅠ
- キャリアガイダンス

高大接続（AO入試、入学前セミナー）

である。プログラムの開発は、採択決定から実施まで半年余りと短い期間の中で進められた。同大学の2010年度の事業報告書の巻頭言には、この事業は「教育改革」そのものであり、校訓・建学の精神ともつながる大学全体に関わる大きな試みであることが記されている。

　同大学の建学の精神は「真に信頼して事を任せうる人格の育成」であり、教育理念は「個を尊重した自由な校風の中で、他者から信頼される人格並びに能力を有する自立した職業人を育成する」とある。まさに就業力の育成につながるものであり、開学当初から地域に根差した大学として、地域との連携を取り入れた教育プログラムが展開されてきている。

　その様な、流れの延長線上でありながら教育プログラムとしてより質の高いものをつくりあげる目的でこの事業に取り組んだ。

第 5 章　「愛知東邦大学 就業力育成支援事業」の概要　　　　　　43

　事業は準備の初年度（2010 年度）を含め、5 か年の予定であった。ところが、11月に当時の政府が行った「事業仕分け」の対象となり、2011 年度を以て事業全体が打ち切りになることが 2011 年 11 月に決定した。大学によっては、選定事業でなくなることで就業力育成支援事業を廃止・大幅な縮小を余儀なくされた所もあるが、同大学は一部実施内容を見直し、事業そのものは継続することを決め、今日に至っている。以後は、見直し後の実施事業を中心に全体像を述べたものである。
　全体像は、図 5-1 で示される「就業力育成教育プログラム」である。このプログラムは入学前から卒業後にわたる支援プログラムとなっており、正課内外の教育を通して育成し、自立した職業人の育成を目的としていることが特長となっている。
　このプログラムは「学修支援センター」が推進役となり、2014 年度に完成年度を迎えるプログラムとして現在も実施中である。

Ⅱ　正課内の取り組み
1　東邦基礎力科目

　カリキュラム[1] 内の総合基礎科目を再編し、「東邦基礎力科目」を設置した。具体的な科目名称としては、「東邦基礎Ⅰ・Ⅱ」（1 年次必修　日本語リテラシー科目）、「基礎演習Ⅰ・Ⅱ」（1 年次必修）、「総合演習Ⅰ・Ⅱ」（2 年次必修）、「ライフデザインⅠ・Ⅱ」（1、2 年次　選択・全員履修）、「キャリアデザイン」（3 年次　選択・全員履修）、「企業研究」（3 年次　選択）、「インターンシップ事前事後指導」（3 年次　選択）、「インターンシップ」（3 年次　選択）、「海外研修Ⅰ・Ⅱ・Ⅲ」（全学年　選択）の 15 科目である。
　中でも新設科目は「東邦基礎Ⅰ・Ⅱ」「ライフデザインⅠ・Ⅱ」である。前者は学ぶ力の基礎となるアカデミック・リテラシーとして 1 年の前後期に配置し、必修科目とした。後者は、就業力の示すように職業選択のみならず、卒業後の進路を踏まえた上で、生活設計（ライフデザイン）全般を見据える内容とした。この科目は、特に、基礎演習Ⅰ・Ⅱと連携し、Ⅱ-3 で述べる学生ポートフォリオにある「目標設定と実行」を支えるための考え方を身に付けさせる科目でもある。
　ライフデザインⅠ・Ⅱ、キャリアデザインは専門科目と直接連動しないこともあり、必修科目ではなく、選択科目になっているが、同大学の学生全員がこの 3 つで学ぶ内容を、就業力育成につながる重要なものとして全員履修という形式をとって

いる。

2　東邦プロジェクト

　事業全体のタイトルにもなっている「地域連携PBL」を実践する科目が「東邦プロジェクト」である。カリキュラムでは、「専門科目」の「ゼミナール」に位置づけられ、全学部3、4年次対象に開講される科目となっている。

　東邦プロジェクトはⅠ～Ⅳまであり、Ⅰ・Ⅱが2単位科目で入門的な位置づけ、Ⅲ・Ⅳが4単位科目でプロジェクト実践を主とした科目となっている。

　従来の専門教育の延長線上であり、座学で学んだ内容を活用し、体験を通して深めることを狙ったものになっている。

　Ⅰ節でも触れたが、同大学では、以前から地域との連携を教育の中に取り入れて実践を行っており、具体的には大学祭の1日を地元商店街で開催したり、大学の所在地である名古屋市名東区の区民祭りにゼミやクラブ活動単位で参加したり、少年サッカー大会を開催したりしている。また、系列の高校とも連携して、地元の洋菓子店の包装紙を作成したりしている。

　また、同大学には「地域創造研究所」がある。ここでは、主として東海3県の産業やくらしについて調査・研究し、それぞれの地域での経済発展やくらしの豊さを追求している。自治体などからの研究受託や行政機関や金融機関との共同研究も行われており、多様な形で地域発展に寄与しようとしている。

　今回の取り組みは、就業力を育成する教育手法として新たに取り組んだものであり、その詳細については、第9章「『段階的PBLプログラム』構築に向けて」で述べることとする。

3　学生ポートフォリオシステム

　学生が主体的に取り組むためのツールのひとつとしてe-ポートフォリオシステムである「学生ポートフォリオ」を構築している。学生がいつでもこのシステムにアクセスできるようにWeb上に構築し、さらに、2011、2012年度入学生全員に携帯情報端末PDA（Personal Digital Assistant）を貸与している。その大きさは11cm×6cm程度のものである。同時に、この端末を使用できる様、学内無線LANの敷設を行っている。

　採用した端末の具体的な商品名としては、Apple社のiPod touchである。その

機能を簡単に言うと、スマートフォンの通話機能がないものである。2011年当時は、入学者全員に貸与するということは全国の大学の先駆けとなる動きであった。しかし、スマートフォンの急速な普及により、全員貸与の必然性が薄れたため、2013年度入学者からは、希望者にのみ貸与として、個人所有のスマートフォンを学内無線LANに接続できるようにし、学内で使用できる環境を整えている。

ユーザーインターフェイスとしては独自のアプリとせずに、汎用HTMLとした。これにより、iPod touchだけでなく、パソコンからもOSに関係なく使用できるようにし、開発当時から、スマートフォンの普及を踏まえ、そのOSに左右されることなく使用できることを考えて設計されている。実際に、2013年度から全員への貸与を止め、個人所有のスマートフォン使用と希望者への貸与に移行したが、一部、表示機能の問題はあったが、概ね問題なく運用されている。

ポートフォリオは本来「紙ばさみ」を意味する言葉である。学生が自分の取り組んだ課題や作品を保管するための道具である。しかし、その解釈は多岐にわたる。媒体は、電子媒体ばかりではない。旧来の意味で使用している大学もあれば、学生に関するデータ・ベースのようなシステム全体をポートフォリオと呼ぶ大学もある。共通していることは「学生や大学が、個々の活動を蓄積し、次の活動につなぐために活用するツール」であるという点であろう。

同大学における「学生ポートフォリオ」の主な機能は以下である。一つは受講した授業を振り返るための「受講記録」、もう一つは目標を定め、達成のため計画を立て実行する過程を全て記録できる「マイプラン」、そして自己の成長過程を自己評価するための「社会人力」の三つである。

就業力の評価指標としても用いることを前提とした「社会人力」は「就業力」と「学士力」[2]を同大学のディプロマポリシーとも照らし合わせて検討した上で、同大学の特性に適合するように「社会人基礎力」[3]を参考にしながら、3つの大項目と12の能力に再構成したものである。さらに、12の能力を獲得状況に合わせ、学生が自己評価できるよう4段階に分けている。具体的には表5-1の通り。

自己評価であることから、客観的に評価できるのかという議論もあったが、主たる目的として、学生が自らを振り返る視点を提供することを通じて、学生の成長を促すものとして使われている。

表 5-1 学生ポートフォリオ「社会人力」の評価指標

卒業時に身につけてほしい力	到達目標	「社会人基礎力」愛知東邦版の構成	内容
実際に動いて、新しい価値を生み出す	4年次修了時にステージ4	働きかけ力	他者を巻き込む
		課題発見・解決力	課題（task）発見〜解決
		創造力	新たな価値を生み出す
他社と関わり合い、協働する	3年次修了時にステージ4	発信力	他者に伝える
		傾聴力	他者の意見を聞く
		柔軟性	意見や立場の違いを理解して協働できる
		状況把握力	自他の関係性を理解する
個人としての基礎を築く	2年次修了時にステージ4	主体性	自分で考え行動しようとする
		計画力	自己管理としての計画性
		実行力	目的を持って計画を実行していく
		規律性	きまりを守る、習慣形成
		ストレスコントロール力	自己の困難さ（difficulty）に対処する

（出所）愛知東邦大学（2011）14ページ、「12の能力と4段階の評価指標」の図

Ⅲ 正課外の取組み

1 就業力マイスター奨学生制度

　この制度は、正課授業での学びに止まらず、大学でのクラブ活動やサークル活動などの様々な課外活動や、ボランティア活動やアルバイトなどの学生生活全てを通して、就業力の向上を目指す学生に対してモチベーションを高めることを期待して設置されている。

　選考方法は、まず、学生がエントリーをし、就業力マイスター奨学生（以後、奨学生）を目指すことを宣言した上で、1年間活動する。そして年度末の発表会でその活動内容を発表する。評価は成績・活動内容・学生ポートフォリオの活用の3つの項目からなる。学部ごと奨学生が選ばれ、翌年に返済不要の奨学金を受け取ることができる。

ステージ1	ステージ2	ステージ3	ステージ4
他者に働きかけることが苦手である	他者に働きかけたい気持ちを持つ	他者に実際に働きかける	他者に効果的に働きかけることができる
課題を見出す意識がない	課題を見出す	課題について調べて分析する	課題を解決することができる
与えられたことをする	与えられたことに工夫を加えて行う	新しい考え方や方法を用いて課題に取り組む	小さなことであっても新しい価値をつくり出す
意見や考えをつくろうとしない	意見や考えを持つように努める	意見や考えを他者に伝える	意見や考えを的確に他者に伝えることができる
他者の話を意識して聞こうとはしない	他者の意見を最後まで聞く	他者の意見をしっかり理解しようとして聞く	他者の意見をなるべく肯定的に受け止めようとして聞く
他者と関わるのが苦手である	必要なときには相手に合わせて行動できる	他者と意見を交わし合うことができる	他者と協力して目的を達成するよう行動できる
グループの中での自分の役割をあまり考えない	グループの中での自分の役割を考えることができる	グループの中での自分の役割を理解している	グループ内での自分の役割を理解して行動できる
物事の意味や目的を特に考えない	他者に言われて行動しようとする	やるべきことの意味や目的に気づく	自ら考え、行動しようとする
やるべきことの計画を立てない	計画を立てた方がよいことに気づく	計画を立ててみる	計画を見直し、改善していく
特に具体的には動かない	行動しなければならないことを理解する	誰かとなら行動できる	自ら進んで行動できる
自分だけの基準で行動する	きまりがあることを理解する	きまりを守ることができる	きまりの意味を理解して進んで守る
困難さに向き合えない	困難さに向き合おうとする	困難さの解決に向けて考えることができる	困難さを解決するために実際に行動する

　奨学生に選ばれた学生は、オープンキャンパスや入学前セミナーなどの大学開催のイベントに協力し、他の学生の模範となり、就業力を高める活動が多くの学生に及ぶような存在を期待されている。

　奨学生に選ばれた学生数は2011年度25名、2012年度32名である。

2　入学前教育

　当初、入学前セミナーというイベントのみを対象としてスタートした。入学前セミナーは就業力育成支援事業を実施する前から行われている同大学独自のものである。

　入学前セミナーは2009年度入学予定者を対象にスタートしている。その内容は3部構成であり、1部「大学生になる」（講義）として、高校と大学の違いを理解さ

せ、目標を持って大学生活を送ることができるように個々に考えさせる内容である。2部は「お互いを知り合おう」として、仲間づくりを促すグループワークである。近年は、仲間や友だちができないことから学生生活を充実させることが困難になる学生も少なくないことから取り入れている。3部は「先輩に聞いてみよう」として、1部で教員が伝えた内容を中心に、大学生活の具体的内容を在学生が語るものである。毎年、入学生からは好評で、全学的な取り組みとして定着している。

この入学前セミナーに加え、入学予定者に学部ごとに課題を与え、取り組ませる「学部課題」。また、同大学で実施されている「育てるAO」をモットーとしたAO入試合格者向けの課題と面談を全て併せ、「入学前教育」と称し、就業力育成のスタート前教育として行われている。

3　教育補助員制度

就業力育成支援事業スタート時は、非常勤職員として「キャリア・アドバイザー」を導入した。主に、学生ポートフォリオの活用促進、よろず相談を業務として行っていた。しかし、その役割が採用時にキャリア支援に重きを置かれ、学修の支援にまで及ぶことが困難であったことや、先に触れたように選定事業の廃止の影響もあり2012年度までの活動でその役割を終え、2013年度からは、もっと学修に寄り添うことができる人材として「教育補助員」と呼ぶ非常勤職員を採用した。

教育補助員は、職員でありながら学修の支援を行う役割を持つ。それ以外にも学生のよろず相談をはじめとしたワンストップサービスとして、学生の声を拾い上げ、該当する担当部門に繋ぐ役割も担っている。また、学修支援センターの事務業務も一部担当している。

学修と言ってもその範囲は非常に広く、多くの科目が担当教員でないと支援できない内容がほとんどである。そこで、まずは、アカデミック・リテラシーである日本語表現の科目である「東邦基礎」をその活動フィールドとしてスタートさせることにした。

科目と連携する形で進めることにしたのは以下の理由による。1年次の基礎を学ぶ段階では、本格的なレポートを課せられることも多くなく、アカデミック・リテラシーの内容の必要性が不十分な理解のまま進む学生も少なくない。つまり、こちらが期待するように学生が自主的に窓口を訪れ、支援を受けに来るケースばかりではないことが想定される。そのために科目の中で授業外の学修を促す働きかけを

し、授業内で扱った項目の理解が進むような教材を用意し、教育補助員のアドバイスによって、自習が促されるような仕掛けづくりから始めている。

今後は、教員でなくても社会人経験の中で教えることが可能なコンピューターなどのICT機器やソフト・アプリの使い方や、特に経営学部などでは必要とされる簡単な数学の教材を開発し、その対象を広げていきたいと考えられている。

Ⅳ 実践を通して見えてきた課題

本事業は2014年3月で実施3年が経過した。次年度、スタート時に入学した学生が4年生となり社会に送り出すことになる。彼らがどの様な進路を選択し、大学に対しどのような思いで卒業していくのか、関わった教職員がこの事業をどう評価するのかは、次年度以降の課題となる。

ここでは、個人的にここまで実践してきた中で感じている課題を挙げてみたいと思う。

1 学部教育と就業力

同大学には経営学部地域ビジネス学科と人間学部人間健康学科、子ども発達学科（2014年度より教育学部）がある。3つの学科は、その専門性の違いもあり、学生像もかなり異なっている。また、子ども発達学科はほとんど全員が保育ないし、幼児教育に関わる仕事に就くことを目指しており、将来の方向性が決まっている者がほとんどである。

その様な中で、全学的取り組みとして就業力育成を掲げ、大学のディプロマポリシーとカリキュラムポリシーとの整合性は図られてきたとされている。しかし、先に述べたように、学生像や将来の方向性に違いがあれば、アプローチの方法は一通りではない。

この点に関し、申請時の時間的・人的制約の中、設計段階で学部と十分に協議ができていたかという点で課題があるように感じている。

2 プログラムに対する違和感

このプログラムは「就業力」という言葉の解釈により、学士力とは少し異なり、キャリア形成支援に近いアプローチであるものが多い。キャリア形成・キャリア教

育については、「学士課程教育の構築に向けて」(答申) において「キャリア教育を生涯を通じた持続的な就業力の育成を目指すものとして、教育課程の中に適切に位置づける」(中央教育審議会、2008) と定められており「豊かな人間形成と人生設計に資するものであり、単に卒業時点の就職を指すものではないことに留意する。アウトソーシングに偏ることなく、教員が参画して学生のキャリア形成支援に当たる」と注意書きまで添えてあるにも関わらず、まだまだ「就職のため」という認識と「教員がやるべきことなのか」という誤解が色濃い。また、それに対する FD も十分とは言い難い。その様な状況下で教員が、各担当科目、日々の教育／指導の中に落とし込むことの意義を持ちにくく感じているのではないか。

また、同大学の就業力育成プログラムは初年次教育の側面も多く含んでいる。この点に関してもキャリア教育ほど認識の違いはない。しかし、まだまだ、必要性は感じているものの、どのように取り組むべきか、学部教育との連携をどう設計するかという点においての議論が不十分である。情報収集という点においても、先の答申 (中央教育審議会、2008) にも課題として「今後、学部・学科等の壁を越えて、充実したプログラムを体系的に提供していくことが課題となるが、初年次におけるこれらの教育に配慮を行うための前提として、当該学生の高等学校での学習状況等に関する必要な情報が、大学に円滑に引き継がれることが大切であり、高等学校との一層緊密な連携を図っていくことも課題になる」と挙げられているが、近年の多様な入学者の状況を把握することは容易ではない。

【注】
(1) このカリキュラムは 2011 〜 2013 年度入学生適用。2014 年度入学生からは一部改定されている。
(2) 2008 年、「学士課程教育の構築に向けて」中央教育審議会答申より。学士課程の中で身に付けるべき能力として 4 分野 13 の項目からなる。
(3) 2006 年、経済産業省が提唱した「職場や地域社会の中で多様な人々とともに仕事を行っていく上で必要な基礎的な能力」より。3 つの能力と 12 の要素からなる。

【引用・参考文献および参照 URL】
・愛知東邦大学 (2011)「平成 22 年度 文部科学省 大学生の就業力育成支援事業報告書『地域連携 PBL を核とした就業力の育成』」
・愛知東邦大学 (2012)「平成 23 年度 文部科学省 大学生の就業力育成支援事業報告書『地

域連携PBLを核とした就業力の育成』」
- 文部科学省「国公私立大学を通じた大学教育改革の支援」(2010)
  http://www.mext.go.jp/a_menu/koutou/kaikaku/index.htm（2014年1月8日参照）
- 文部科学省「大学設置基準及び短期大学設置基準の改正について（諮問）」(2011)
  http://www.mext.go.jp/b_menu/shingi/chukyo/chukyo4/houkoku/1289824.htm
  （2014年1月8日参照）
- 中央教育審議会「学士課程教育の構築に向けて」（答申）(2008)
  http://www.mext.go.jp/b_menu/shingi/chukyo/chukyo0/toushin/1217067.htm
  （2014年1月8日参照）

第6章　学内外における実践活動を通じた人材育成の可能性

大勝 志津穂

はじめに

　近年、大学のグローバル化やユニバーサル化によって、大学に求められる教育のあり方が変わりつつある。授業では、単に学生が受動的に講義を受けるだけでなく、アクティブ・ラーニングと言われるような双方向型授業によって能動的に授業に関わる環境が求められて、学生は単に知識を増やすだけでなく、その知識を基盤に「創造」することが求められるようになっている。このような「どのような能力を身につけたのか」「何ができるようになったのか」ということは、学生が社会に出る時、つまり就職の時に求められる能力となっており、学生は、社会で必要とされる能力を、大学生活の中で獲得することが求められている。つまり、大学の正課内・正課外での教育活動を通じて、学生は社会で通用する能力を身につける努力を行うこと、大学はその場を提供することが求められるようになっているのである。

　(社) 日本経済団体連合会が2011年に行った「産業界の求める人材と大学教育への期待に関するアンケート結果」[5]では、大学生の採用に当たって重視する素質・態度、知識・能力として、「主体性」「コミュニケーション能力」「実行力」「チームワーク・協調性」が上位にあげられている。一方、最近の大学生に不足していると思われる素質・態度では「主体性」を、能力・知識では「創造力」をあげる企業が多くみられる。つまり、企業は「主体性」や「コミュニケーション能力」「実行性」を備える人材を採用したいと思っているが、実際には「主体性」をもち実行できる人材が少ないと思っていることがわかる。さらに、この調査では、「大学の教育改革に向けて、大学が取り組みを強化すべきもの」についてたずねている。その結果、「教育方法の改善 (76.5%)」をあげる企業が最も多く、双方向型授業や学生参加型授業、体験型授業のような多様な授業をすべきだと回答している。このことは、学生の「主体性」や「コミュニケーション能力」「実行力」を双方向

型授業や体験型授業を通して身につけて欲しい、あるいは、身に付けることが可能だと考えている企業が多いことを示唆している。

そこで、演習活動として取り組んだプロジェクト活動が、「主体性」や「コミュニケーション能力」「実行力」を備えるような人材を育成する場となるか否かを、学生の取り組み姿勢や自己評価から考察するとともに課題を抽出し、今後のプロジェクト実施型授業のあり方を考えることを本研究の目的とした。

I　プロジェクトの概要
1　プロジェクト実施の背景
　演習活動においてこのプロジェクトを実施した背景には、学生がスポーツの裏側、裏方の仕事に触れる機会が少ないと感じたからである。本演習の学生は、スポーツマネジメントコースに所属しており、彼ら自身は、これまでも、現在も自らスポーツを行う者が多い。しかしながら、彼ら自身はスポーツを「する」ことはあっても、スポーツを「企画」することはほとんどない。自らスポーツをする経験だけではなく、スポーツ環境をマネジメントする経験を通じ、自らの知識と経験を増やし、多様なスポーツのあり方・関わり方を学んで欲しいという意図から本プロジェクトの実施に至った。また、実際にプロジェクトを実施することは、1つの目標に向かってチームで働くこと、人と関わること、コミュニケーションをとることを必要とし、「主体性」や「実行力」をより発揮しやすい環境を提供できると考えたためでもある。

2　プロジェクト実施の目的
　プロジェクトの企画・運営を通して、スポーツの裏側を学ぶとともに、学生自身が考え、行動できるようになることを目指した。学生には、経済産業省が提唱する社会人基礎力[2]のような具体的な能力の獲得を目指すためにこのプロジェクトを行うことは一切伝えていない。学生には、このプロジェクトを成功させること、お客さんに喜んでもらうことを目標に企画・運営することを強調した。プロジェクトの立案からプレゼンテーションまでの実施経過は図6-1に示す通りである。

3　プロジェクトの内容
　本活動は、企業であるフットサルtio（現（株）ジョイフット）と、本演習に所属

図6-1　プロジェクト実施経過

図6-2　プロジェクト実施体制

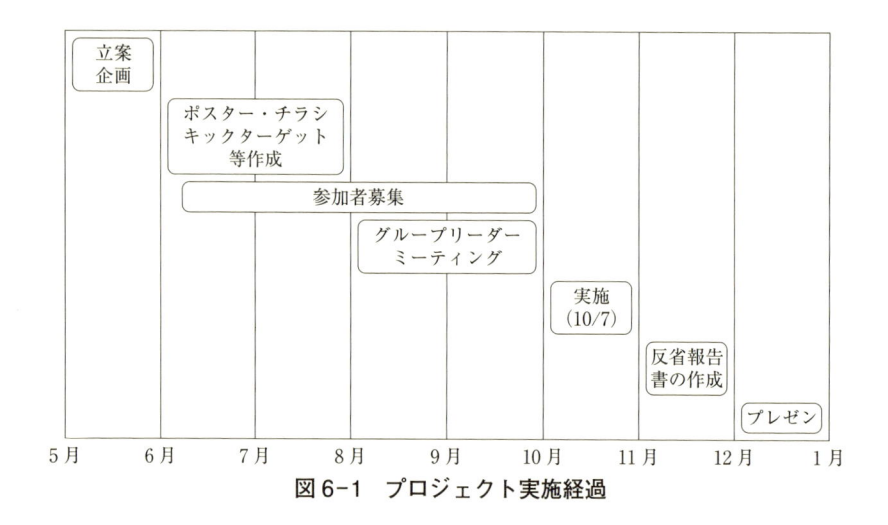

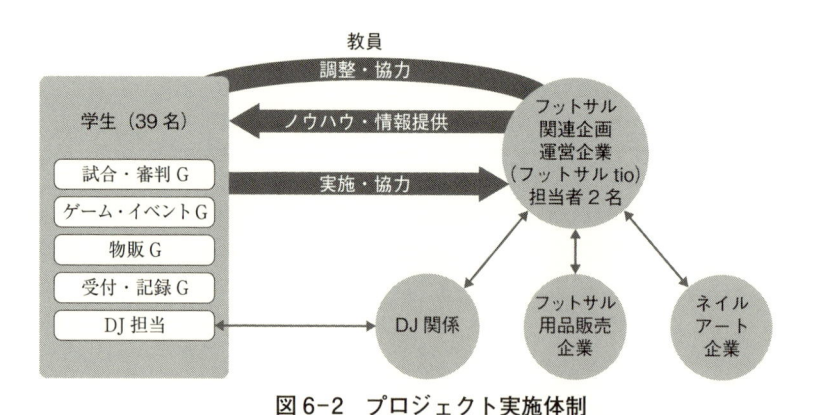

する2年生から4年生の39名の学生とのプロジェクトである。プロジェクトは約1年をかけて行った。プロジェクト内容としては、「フットサル」を行うことだけが決まっており、対象者や内容については学生と企業が一緒になって立案から取り組んだ。学生と企業、教員との関係は図6-2に示す通りである。主は学生と企業との取り組みであり、教員は調整役として関わった。

イベント運営で必要な作業について、企業と教員で話し合い、4つのグループを決めた。グループ分けを行うにあたって、まず、各グループの代表者を教員が決め

第 6 章　学内外における実践活動を通じた人材育成の可能性

④ 告知方法 募集方法	⑤ 案内 スタッフ	⑥ 制作 (看板、POP) PR
③ ゲーム イベント	テーマ	⑦ 当日の スケジュール 時間配分
② 試合形式 試合方法	① コンセプト 企画	⑧ 道具 備品

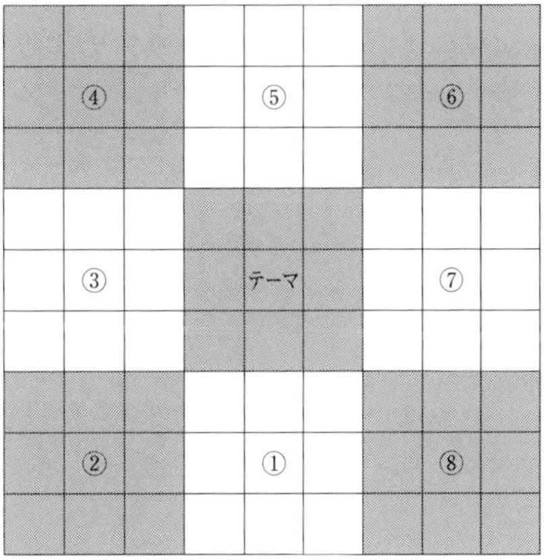

図 6-3　マンダラチャートによるアイデア抽出

た。代表者以外の学生については、イベント運営そのものを楽しんでもらいたいという企業の提案で、ゲーム性・偶然性を持たせるため代表者によるくじ引きによってグループ分けを行った。このグループ分け作業は、企業の思い通り楽しく盛り上がり、これまで交流の少なかった2年生から4年生までの学生の交流が生まれ、雰囲気も良くなった。グループ分けを行った後の作業は、①全員での活動と、②グループでの活動に分けた。

①全員での活動

　まず、イベント内容の検討を行った。各グループでブレインストーミングを行い、出てきたアイデアをマンダラチャート[1]を使用して整理した（図6-3）。ブレインストーミングには様々な原則があるが、他の人の意見に対して、絶対に否定をしないことをきまりとして、とにかくなんでも思いつくアイデアを付箋に書いてマンダラチャートに貼っていく作業を繰り返した。最初は、あまりアイデアが出ず静かであったが、慣れてくると4年生を中心に活発にアイデアも出て、有意義な意見交換が行われた。

　次に、ポスター・チラシの作成を行った。各自が1枚チラシを作成し、それを発表する形式をとった。チラシ作成はコンピューターを使用し、企業と学生が良いと判断したものを採用した。

表6-1 各グループの活動内容

グループ	準備	当日
試合・審判	試合進行表の作成 審判の割振り ルールの確認	コート設営 試合進行／チームの誘導 審判 ボールボーイ
ゲーム・イベント (キックターゲット)	ターゲットの作成 ルールづくり 景品準備	ターゲットの設定 ルールの確認 呼び込み
物販	販売する物の決定 値段の設定 商品の購入・手配 POP・ゴミ箱の作成	販売
受付・記録	記録用紙の作成 チーム紹介アンケートの作成	受付・参加費徴収 アンケートの記入 試合結果の記録 写真

②グループ別活動内容

　各グループで、当日までの準備と当日の活動について、やるべきことや役割、作業を考えた（表6-1）。グループにより、準備が多いグループ、当日の役割が多いグループなど違いはみられたが、各グループでの活動を主とした。毎週1回、演習活動の2コマを使って準備作業を行った。また、リーダーについては、企業との打ち合わせや進捗状況の確認などもあり、8月、9月の夏休み期間中も定期的にミーティングを行った。

4　当日のイベント運営

　2012年10月7日、37名の学生が当日の運営にあたった。グループで決めた当日の活動内容を確認し、作業に取り組んだ。

　試合・審判グループは、コート設営から試合進行、審判、ボールボーイなど多くの仕事をこなさなければならなかった。しかし、このグループはサッカー部所属の学生が多く、仕事はスムーズに進められた。キックターゲットグループは、お客さんを呼び込むのに苦労していた。試合と試合の合間に、お客さんを飽きさせない催し物として企画したが、試合と試合の合間は休憩の時間となるため、なかなか足を運んでもらうことができなかったようである。物販グループは、フランクフルトとジュースを販売したが、こちらもお客さんの呼び込みに苦労していた。

　この2つのグループは同じ問題に直面した。お客さんをいかに呼び込むかであ

第6章　学内外における実践活動を通じた人材育成の可能性　　　　　　　　57

る。キックターゲットグループは、休憩をしているお客さんに直接声をかけたり、ルールを工夫したりするなどして、お客さんを呼び込んでいた。しかし、物販グループは、休憩のお客さんやスタンドにいるお客さんに直接売りに行くことも可能ではあったが、そのような行動は起こさなかった。この行動の違いは、その学生の積極性や適応力、問題解決力などの力を持っていたか、いなかったか、発揮できたか、できなかったかの違いによるものであろう。しかし、反省会においてこのことは課題としてあげられ改善方法も示されたので、これもひとつの成果とみなすことができると考えられる。

　受付・記録グループは、チーム数も5チームと少なかったこともあり、混乱することなくスムーズに進められていた。その他として、総合司会とDJをリーダー学生が担当した。ルール説明や試合進行のアナウンスなどを行うとともに、音楽と一緒に会場を盛り上げた。

5　プロジェクト終了後の学生の自己評価
①自由記述による自己評価

　プロジェクト終了後に、学生にプロジェクトに対する自己評価を行ってもらった。表6-2に、プロジェクトを通してどのような行動をしたのか、その行動によってどのような変化が見られたのかを自由記述によって書いてもらった結果をまとめた。

　リーダーの学生と、それ以外の学生をわけた。リーダーの学生の方が、他者との関わり合いにおいて、他のメンバーをまとめ一緒に行動するよう努力した様子がうかがえる。一方、リーダー以外の学生では、リーダーや他のメンバーを頼りにし、自ら中心になって関わることをしなかった様子をみることができる。個人の基礎能力については、リーダーもリーダー以外の学生もあまり違いは見られなかった。プロジェクトを通して、「計画を立て、目的をもって行動することができるようになったこと」「意見を言うことができるようになったこと」がうかがえる。「意見を言うことができるようになった」と回答する学生が比較的多く、これはマンダラチャートによるアイデアの発想・共有の経験が影響を与えているのではないかと考えられる。自分の考えたことを発言し、否定されずに楽しくアイデア交換できた経験は、学生にとって鮮明に記憶に残ったものと思われる。

表6-2 自由記述による自己評価

リーダー	リーダー以外
他者との関わり合い	他者との関わり合い
・自分の役割を理解して、他者と協力してグループのメンバーと一緒に運営することができた。 ・先輩も巻き込んで作業ができた。 ・多くの先輩と関わりが持てるようになった。 ・他者に働きかけることが苦手だったが、リーダーとしてやることができた。 ・他者にあわせて行動することができた。 ・いろいろな意見を言い合うことができ、新たな意見を見つけ出せた。 ・みんなの意見を聞いて、判断することができた。	・お互いに意見を交換してコミュニケーションをとることができた。 ・自分の意見を言うことは苦手なので、他の人の意見を聞いてやることができた。 ・他人と関わることで、意見や立場の違いを理解して協働できた。 ・役割を人任せにせず、チームワークを大事に活動することができた。 ・人に頼ってばかりで、自分ではあまり動けなかった。 ・話を聞くことはできたが、自分から発信することはできなかった。
個人の基礎能力	個人の基礎能力
・課題を分析できるようになった。 ・イベントまでの時間を逆算して、自分にできることを1つ1つやる能力を身につけた。 ・意見を積極的に出し、取り組むことができた。 ・自ら行動してみんなを引っ張っていくことができた。 ・新しく出た企画に対して、リスクを見いだし、どうすればよいかを考えることができた。 ・リーダーとして新しい自分が見つけられた。 ・決まりを守ることができた。 ・計画から実行まで主体的に取り組むことができた。	・計画を立てて、考えて行動できた。 ・目的を持って行動することができた。 ・規律を守って、計画を実行した。 ・自分から意見をすることができるようになった。 ・自分から動けるようになった。 ・リーダー任せになる部分があったが、リーダーがいないときは自分でなんとかすることができた。 ・最初は誰かがやってくれると思っていたが、後半はメンバーの中での自分の役割を考え、行動に移すことができるようになった。 ・ただ、与えられたことをするだけだった。

②社会人力の評価

　本学で提唱している社会人力について、各学生が評価した得点を数値化し、平均値を算出した。

　まず、このプロジェクトを行った2012年度の社会人力の平均値を各学年でみる（表6-3、図6-4）。各項目において、上級学年、特に4年生が他の学年と比較して高いことがわかる。各学年の平均値も、学年があがる程高くなっている。つまりこのことは、上級学年になるにつれて、それぞれの「力」のステージが上がる可能性を示唆する結果と言える。

　次に、2012年度の4年生について、彼らが3年生のときに測定した値と比較を

表6-3 2012年度 社会人力の平均値（学年別）

社会人力	2年	3年	4年
① 働きかけ力	2.5	3.1	3.1
② 課題発見・解決力	2.4	2.9	3.1
③ 創造力	2.3	2.4	3.2
④ 発信力	2.1	2.7	2.9
⑤ 傾聴力	2.6	3.2	3.0
⑥ 柔軟性	2.5	3.4	3.4
⑦ 状況把握力	2.8	2.9	3.2
⑧ 主体性	2.8	2.2	3.0
⑨ 計画力	2.8	2.7	2.9
⑩ 実行力	2.9	2.7	3.2
⑪ 規律性	2.9	2.7	3.4
⑫ ストレスコントロール力	3.0	2.9	2.9
学年の平均値	2.6	2.8	3.1

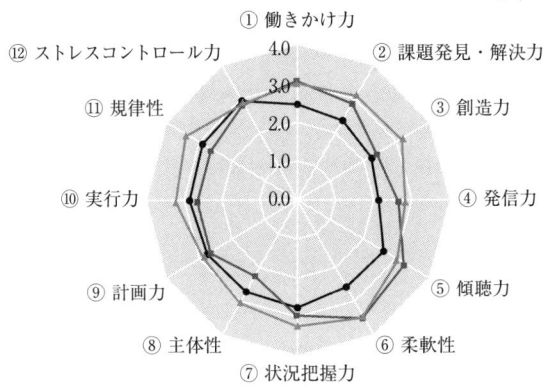

図6-4 2012年度 社会人力の平均値（学年別）

行った。彼らが3年生のとき（2011年度）には、演習活動においてイベントプロジェクトは行っていない。2011年度の演習活動は、スポーツ施設のマネジメントについて調査研究を行った。本学周辺の公共スポーツ施設に対して、学生自身が交渉をして、インタビュー調査を行いまとめる活動である。2011年度と2012年度を比較して、平均値が最も上がった項目は、「⑪規律性」であり、次いで「⑦状況把握力」であった（表6-4）。2012年度のプロジェクト実施の特徴は、学年をまたいだグループ活動と、学外の一般の人を対象とした本番一発勝負のイベントというこ

表6-4 社会人力の平均値の比較

社会人力	2011	2012	増減
① 働きかけ力	3.1	3.1	→
② 課題発見・解決力	2.8	3.1	0.3↑
③ 創造力	2.9	3.2	0.3↑
④ 発信力	3.0	2.9	0.1↓
⑤ 傾聴力	2.9	3.0	0.1↑
⑥ 柔軟性	3.3	3.4	0.1↑
⑦ 状況把握力	2.8	3.2	0.4↑
⑧ 主体性	3.3	3.0	0.3↓
⑨ 計画力	3.0	2.9	0.1↓
⑩ 実行力	3.2	3.2	→
⑪ 規律性	2.8	3.4	0.6↑
⑫ ストレスコントロール力	2.7	2.9	0.2↑
学年の平均値	3.0	3.1	

表6-5 役割による平均値の変化(個人)

		2011	2012	増減
リーダー	A	2.2	2.8	0.6↑
	B	3.0	3.1	0.1↑
	C	3.4	3.7	0.3↑
	D	3.5	3.8	0.3↑
平均		3.0	3.3	0.3↑
リーダー以外	E	2.4	3.0	0.6↑
	F	1.5	2.4	0.9↑
	G	4.0	3.3	0.7↓
	H	3.8	2.8	1.0↓
	I	2.6	2.4	0.2↓
	J	3.7	3.3	0.4↓
	K	3.4	3.4	→
平均		3.0	3.0	→

とである。このようなプロジェクトの特性が、ルールや規律の遵守、グループでの自分の役割の把握と、状況を判断して行動する力として反映された可能性がある。さらに、4年生について、リーダーとリーダー以外の学生の経年変化をみた（表6-5）。比較できた人数は、15人中11人である。リーダーだった4人全員の平均値は2011年度より高くなっており、リーダー以外の7名は、2名が高く、4名は低く、1名は同じとなった。2011年度のリーダーとリーダー以外の平均値は同じ（3.0）であるにもかかわらず、2012年度はリーダー学生の平均値が高くなっている（3.0→3.3）。2012年度の各学年の傾向をみると、学年があがるにつれて値は高くなることが推測されるので、同じ学年でも個人の役割によって身に付く力、自覚される力に違いが出ることが示唆された。

II　プロジェクトを通じた人材育成の課題と展望

　学生の自己評価コメントからも、担当教員の観察からも、学生がこのプロジェクトを通して変化したことがうかがえる。特に、他者との関わり合いにおいて、コミュニケーションをとること、それも単におしゃべりをするというレベルではなく、目標を達成するための意見交換や、よりよい人間関係づくりとしてのコミュニケーションが取れるようになったと思われる。岩崎[1]は、アクティブ・ラーニン

グの場となるイベントの条件として、①成果が可視化されること、②チームで取り組まざるを得ない要求がなされること、③社会と関わる機会が提供されることをあげている。プロジェクト実施の時点では、この３つの条件を明確に意識した訳ではないが、おおよそこれらの条件を満たす結果となっており、イベントの成功が学生の変化に現れたといえるのではないだろうか。一方、個別の状況をみると、リーダーの役割を担った学生と、それ以外の学生において社会人力の自己評価得点に違いが見られ、同じプロジェクトの実施においても、個人が任された役割や責任によって、培われる能力や実感する能力に違いが見られることがわかった。つまり、本プロジェクトの実施を通じでわかったことは、単にプロジェクトを行ったからといって、学生が多様な能力を身につける訳ではないということである。プロジェクト実施において、いかに学生一人ひとりに役割を与え、責任をもたせることができるか、このことが学生の変化をもたらす重要なポイントになることが明らかとなった。

　では、プロジェクト実施の課題は何であろうか。１つは、「一過性の経験」に終わってしまうことである。本プロジェクトを例にとれば、企画・立案から次回への課題抽出まで行ったが、多くの学生が「こんな経験をしました」「楽しかったです」という経験だけが記憶に残っているように思われる。学生が、この経験から何を得たのか、これまでの学びとどう関連するのかを振り返り考える行動ができなかったこと、あるいは、教員がそのような教育プログラムを提供できなかったことが、経験のみで終わってしまった原因であると思われる。溝上[4]はアクティブ・ラーニングの実践課題として、アクティブ・ラーニングとカリキュラムが分離しており、個別の授業実践での学習経験が、一授業では評価フィードバックされたとしても、カリキュラム次元にまでは敷衍してフィードバックされない現状があること、実践的課題を導入してそこで生き生きと学ぶことが、地道な基礎知識習得の学習に学生を動機づけるとは限らないことなどの現状があることを述べ、アクティブ・ラーニングの質を内容（コンテンツ）という観点で高めていくためには、カリキュラムの再組織化が重要であるとまとめている。教員の専門性、能力も問われるであろうが、学部の科目とプロジェクトの経験をいかに関連させることができるか、教員個人の授業科目だけではなく、学部全体としての取り組みが求められるだろう。

　もう１つは、「失敗できないこと」である。実社会では、成功よりも失敗が多いにも関わらず、教育活動の中では、成功が当たり前のような風潮がある。そのた

め、教員が過剰に関わってしまうこと、学生のもつ力以上のことを求めてしまうことがあるのではないだろうか。学生が大学で成功体験と失敗体験の両方を経験し、それを蓄積して様々な場面で発揮できるようになること、そのような人材の育成を目指すことが求められるのではないだろうか。「失敗を次に生かす環境」を大学全体で共有できる体制や雰囲気が必要となるだろう。

最後に、社会人力の得点をみると、学年があがるにつれて高くなっている。このことは、大学での学びを通して、学生が少なからずプラスに変化することを示唆するものである。学生の変化を促す取り組みとして、プロジェクト実施は有効な手段になる可能性を示唆したが、先に示した課題を解決する方策も考えなければその有効性も半減してしまうと思われる。

【注】
(1) マンダラチャートとは、1979年に松村寧雄が作り出したアイデア発想法である。3×3のマトリックスの中心にテーマを書き、その周囲に要因を記入することで、テーマを具体化し整理する方法である。

【参考文献】
[1] 岩崎敏之（2012）「アクティブ・ラーニングの場に必要な条件——木造耐力壁ジャパンカップの意義」『湘北紀要』第33号、1〜7ページ
[2] 経済産業省（2006）「社会人基礎力」
http://www.meti.go.jp/policy/kisoryoku/index.html（2014年7月10日最終確認）
http://www.meti.go.jp/policy/kisoryoku/kisoryoku_image.pdf（2014年7月10日最終確認）
[3] 久保田祐歌（2013）「大学におけるジェネリック・スキル教育の意義と課題」『愛知教育大学教育創造開発機構紀要』vol.3、63〜70ページ
[4] 溝上慎一（2007）「アクティブ・ラーニングの導入の実践的課題」『名古屋高等教育研究』第7号、269〜287ページ
[5] 文部科学省（2011）「キャリア発達にかかわる諸能力の育成に関する調査研究報告書」
[6] 日本経済団体連合会（2011）「産業界の求める人材像と大学教育への期待に関するアンケート結果」
[7] 吉原惠子（2007）「大学教育とジェネリックスキルの獲得——ジェネリックスキルをめぐる各国の動向と課題」『兵庫大学論集』12、163〜178ページ

第 7 章　名古屋市名東区をフィールドとした
　　　　　ゼミ活動

手嶋　慎介

はじめに

　本章は、「名古屋市名東区をフィールドとしたゼミ活動」における「社会人力」育成の成果と課題を中心に検討するものである。

　当初、就業力育成支援事業において構想された「地域連携 PBL (Project Based Learning)」は「旅行会社と連携した就職のための企業研究ツアーの企画運営」「街の商店街の活性化と繁盛店作り」「NPO と連携したマーケティング」「地域・行政・施設等と連携した健康・福祉・社会スポーツの普及啓発活動」「地域の保育参加」「学内起業（経営・営業・経理・総務実務）」というものであった。あくまでも例として列挙されたものではあるが、過去に基盤となり得る取り組み（例えば地域ビジネス学科では「フィールドワーク」「インターンシップ〔短期・長期〕」「海外インターンシップ」など）は見受けられ、そのいくつかは実施に向けられた。

　そのなかで、PBL ガイドラインが作成され、これをもとに応募、採択されたパイロット授業は、その過程で複数回の会議が行われ、各担当者からの実施報告がなされ終結するものであった。本章では、ゼミ活動としての「地域 MAP 作成プロジェクト」の立ち上げから終結までの過程およびその後に（学年をまたいで）継続することとなった「地域 CM 作成プロジェクト」に至るまでの概要を示したい[1]。

　就業力事業としては「就業力伸長に関するアセスメント」が行われており各段階で自己評価がなされ分析されている。本章においては、この自己評価表の結果をもとに定量・定性評価の分析・考察をおこなっている。

I　地域 MAP 作成プロジェクト

1　実施概要

　プロジェクト実施概要について列記すれば表 7-1 のとおりである。

表 7-1　地域 MAP 作成プロジェクト実施概要

授業科目名、学年・人数	専門演習Ⅰ・Ⅱ（担当：手嶋慎介）、3年・13人
担当教員以外の指導者指導回数（時間）	「めいとうまちづくりフォーラム実行委員会」より3名。5回の授業に参画していただくことを計画、その半分は「オトナ家族カイギ」に関してのものであり、同時進行した「地域 MAP 作成」に関しては学外授業時間も含め、その他複数回の指導等があった。
授業時間以外の活動時間数	公式的には学外授業等の扱いで、4～5回（各90分）程度だが、全員が出席してはいない。その他に自主的な活動（買い物等）が短時間で数回程度。
学内以外の実施場所、訪問場所	前期：ピースあいち（名東区）、夏期：MYCAFE（中区） 後期：名東区役所、うりんこ劇場（名東区）、名東区役所との協働での交通安全の呼びかけ＆「地域 MAP 配布」（「足軽隊 in 地下鉄一社駅前」）、その他、学生の自由活動として地域 MAP 掲載地（複数か所）等への訪問調査。

　なお、そもそも PBL とは何かという点で、本学においては「地域社会の様々な課題に学生自身が取り組み、解決を図っていくカリキュラムである。自分自身で課題を決め、解決のための計画を実行する」とされている。また、「学内外の要請や課題設定に基づいて、ある企画の遂行・達成をめざして問題解決的な学習を行う。つまり問題解決及び課題達成の志向性が強い。企画や課題の内容や遂行方法によって、イベントなどの課題実践遂行タイプ、制作やものづくりを課題とするタイプ、問題解決のための提案をしていくタイプなどがある」という「プロジェクト型 PBL」の定義もみられる（三重大学高等教育創造開発センター、2011）。この点は、先に「地域連携 PBL（Project Based Learning）」と表記したとおりである。

　本事例では、本学の定義にあるように、学生自身で課題を決め、解決のための計画を実行する過程において MAP 作成が実施された。MAP の作成という企画そのものは各大学、各地域で行われるものであり独創的なものとはいえないが、学内外のニーズ[2]はあり実施にうつされたわけであり、課題達成の志向性が強く、最終的には提案をしていくタイプといえるものである。

2　地域連携 PBL としてのゼミ活動

　以上のようなプロジェクト内容について、以下では、PBL ガイドライン5項目を考察の枠組みとしてまとめる。

①専門に関連するまたは専門知識を活かすプロジェクトを設定する
　本ゼミナールのシラバスでは「エンプロイヤビリティを高めるための理論と実

践」をテーマとし学生と教員との面談の上、履修者が決定している。机上で学ぶだけではなく、実践を通して就業力を修得することをめざしていることから、学生に対し、大学行事への参加等を評価に加えることは、シラバス、ゼミ決定時の面談を通し周知済みであり、従来型のゼミ活動に加え、実際に何かをやってみることを重視している。したがって、公募以前に、プロジェクト型の活動を行うことが意図されており、そこで学ばれる専門知識もキャリア設計や人的資源管理において必要な知識が含まれる。経営学やキャリア論の専門知識といえるが、地域ビジネスとの関連で学びを深めることも念頭に置いた。

②PDCAをできるだけ取り入れ、最後に発表の機会を必ず作る

　本プロジェクト開始以前から意識されたのは、「実際に動いて新しい価値を生み出す」ということであり、そのために「地域の課題を発見し、その課題の解決案を考え、作品を完成する」「基本的なプロジェクトマネジメント知識に基づいた業務遂行能力修得」「プロジェクトワークにおけるIT活用の実践力修得」が学生の到達目標として設定された。したがって経営管理の基礎ともいえるPDCAサイクルはプロジェクト進行上、必須とした。また、学年の最後に実施されるゼミナール合同のプレゼンテーションの機会は当然のこととし、それ以外にも完成した作品を披露する場を組み込むことは、完成品の内容によるものの、事前に構想された。

③チーム活動をできるだけ取り入れる

　プロジェクト型の働き方を学ぶという点で、学生を数チームに分け、タスク進捗によってチームを変更しながら、本プロジェクトは進められた。当初は2チームから開始しており、各チームにはリーダー的位置づけの学生各1名（当初からの「ゼミ長」1名、「プロジェクトリーダー」として1名）を中心に結成された。

④役割分担をする

　本プロジェクト開始前の段階で「ゼミ長」「大学祭委員長」「学修企画委員長（フィールドワーク等の担当）」「ゼミ交流委員長（ゼミ交流会担当）」を決定しゼミ活動を運営することとしている。そこで、以上のようなどちらかといえば受動的な活動（学校行事への参加）をプロジェクト型の能動的な学習（自ら学習の場を創り出す）として明確に位置づけることにより、より高い学習成果を求めて導入することとし

表 7-2　研究方法

学生・連携先への インタビュー調査等	調査期間 （プロジェクト事中・事後）	調査対象者
★学生の自己評価 　学生間の相互評価 　連携先からの評価	2011年6月～2012年5月 2012年2月～	★本学学生　13名 　NPO、名東区役所　4名 　学内の関係教員　1名
大学行事等への参加率	2011年11月（大学祭） 2011年12月（就職合宿） 2012年5月（平和の丘春まつり）	本学学生　13名 および対象学生
学生への個別インタビュー および グループインタビュー	2012年5月～10月	本学学生　13名
学生アンケート 感想文 レポート	2012年5月	本学学生　13名

た。したがって、チームそのものが一定量のタスク（役割）を担う形で進められた。そして、さらにチーム内でタスクを細分化して役割を担うように促した。

⑤大学外でのリソースと協働する機会を一定程度取り入れる（地域、個人、機関、企業など）

　主として大学近隣での活動に限定して計画されたため、区役所にかかわる個人、機関との共同が企図された。「めいとうまちづくりフォーラム実行委員会」の委員長をはじめ数人の方に学内での授業に参加してもらった。チームビルディングにはじまり、学生の作成した地域MAPの企画書の審査や、実際に作成していく段階での学内外での様々な取り組みにおいてもファシリテーターとして教員とは異なる立場で参画いただいた。また、「名東見聞録」と命名された完成した地域MAPは、名東区役所や地域の店舗に取材協力をいただいた。地域MAPの完成後の街頭配布、店舗設置等に関してもアドバイザーとして（教員に対しても）協力を継続していただいたと同時に、学生が、実行委員会が独自に進めていた、まちづくりイベント[3]に参加するような関係づくりができた。

II　就業力育成に関する意識調査

1　研究方法

　以上までの事例を、ここでは「学生の自己評価」と「学生へのインタビュー」をもとに分析する。研究方法をまとめると表7-2のとおりである。

　「学生の自己評価」は、PBLにおける一般的な評価方法といえる事前事後の自己

図7-1 自己評価の平均値

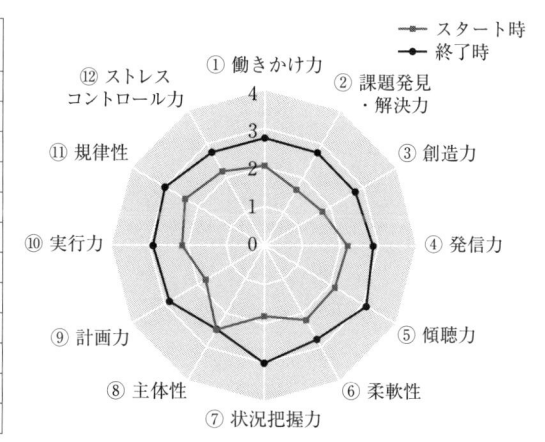

社会人力	事前・事後の差分
① 働きかけ力*	0.71
② 課題発見・解決力*	1.18
③ 創造力*	1.11
④ 発信力	0.72
⑤ 傾聴力	0.69
⑥ 柔軟性	0.61
⑦ 状況把握力*	1.09
⑧ 主体性*	0.14
⑨ 計画力	1.00
⑩ 実行力	0.63
⑪ 規律性	0.70
⑫ ストレスコントロール力	0.71

(注)*①②③⑦⑧が当初の教員(筆者)の重点育成項目。

評価・相互評価を各学生に行わせたものであり相互評価は事前のみに行った。

「学生へのインタビュー」は、学生にとっての学習という点では、自己評価に関連づけた振り返りとして行われた。その意味で、学期末等の節目の個別面談も含めると2011年の年度初めから複数回行われたことになるが、ここでは事後の2012年5月のインタビュー内容(事後の自己評価をもとにした半構造化インタビュー)を分析した。就職活動等を通し、企業における人事部門に接点を持つに至った学生に対するインタビュー調査結果ということになり、就職後を見据えた学生自身にとって就業力についての考察が深まっている時期ともいえよう。後述するが、最終的な分析としては主として4名の内容をもとにしたものである。

2 結果

全学生の自己評価の平均値を示すと図7-1の通りである。全項目について評価は高まっているものの、「⑧主体性」にはほとんど伸長が見られなかった。1以上の差が見られた項目は、「②課題発見・解決力」「③創造力」「⑦状況把握力」「⑨計画力」であった。事前にパイロット授業の担当教員は「重点育成項目」を決定していたが、本結果との関連性は明確ではない。

各学生の項目ごとの詳細な自己評価は割愛するが、個別に検討していくと、程度の差こそあれ、おおむね事後に伸長しているような平均的な変化が見られた。その

図7-2 自己評価とコメント

リーダーA　プラスに自己評価（全項目上がった学生）
〈主な役割〉プレゼンター
〈目標〉企画の運営の仕方や要領を覚えるようにしたい。

社会人力	差分
① 働きかけ力	2
② 課題発見・解決力	1
③ 創造力	2
④ 発信力	2
⑤ 傾聴力	1
⑥ 柔軟性	2
⑦ 状況把握力	2
⑧ 主体性	2
⑨ 計画力	2
⑩ 実行力	2
⑪ 規律性	1
⑫ ストレスコントロール力	1

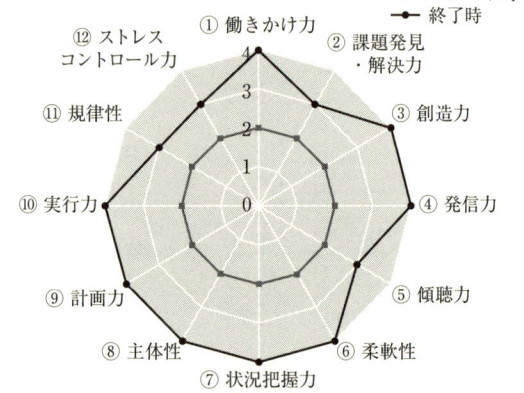

コメント
・「やってみて自分がそういう、例えば発表するとかデザインとか名前とか考える場面で創造力が自分にはあるんだっているのがわかったし、発表とか任される中でわかった。」
・「活動する上で自分が気づいた、終わったときは、自分には創造力、実行力、状況把握力があるんだなあと。」
・「自分が一番時間を割いたし、発表時間とか、そういう面も分担できたんじゃないかなあ。」

リーダーB　プラスに自己評価（多項目上がった学生）※内定獲得がゼミ内で一番
〈主な役割〉採択企画の企画者およびパネリスト
〈目標〉就職にあたってのスキル・知識が身につくように。

社会人力	差分
① 働きかけ力	1
② 課題発見・解決力	0
③ 創造力	1
④ 発信力	1
⑤ 傾聴力	2
⑥ 柔軟性	1
⑦ 状況把握力	2
⑧ 主体性	0
⑨ 計画力	0
⑩ 実行力	1
⑪ 規律性	1
⑫ ストレスコントロール力	2

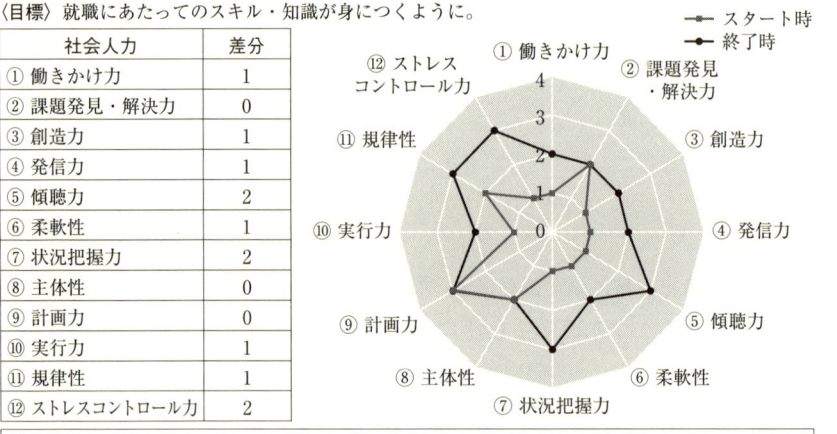

コメント
・「最初は、就活で面接とかもあるだろうし、やっといてネタになるかなあと。」
・「自分の案が通って取材に行っていろんな人に聞いて、動いていたからパネリストとしても話せた。実行したことを話せばいいから。」
・「ミニミニとか、せっちゃんとかに行って、聞いて、注意深く聞くようになった。」

第7章 名古屋市名東区をフィールドとしたゼミ活動

リーダーC　マイナスに自己評価（数項目下がった学生）
〈主な役割〉ゼミ長　〈目標〉社会のマナーなど最低限の事が身について、就職できたら良いと思う。チームワークを深める。卒業の時にこのゼミでよかったと思えるようにしたい。

社会人力	差分
① 働きかけ力	0
② 課題発見・解決力	2
③ 創造力	3
④ 発信力	▲1
⑤ 傾聴力	0
⑥ 柔軟性	▲2
⑦ 状況把握力	0
⑧ 主体性	▲2
⑨ 計画力	2
⑩ 実行力	▲1
⑪ 規律性	1
⑫ ストレスコントロール力	0

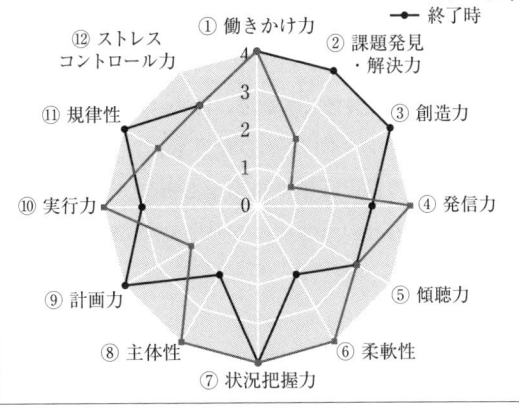

コメント
・「スタート時がなんか自分の夢…自分がこうであってほしい、自分がこうだろう　終了時が、振り返ってみた後の現実…自分がこうだった。」
・「やりきったなっていう自分の中で充実感はなかったけど、結果は出た。例えば自分が発表していれば、達成感あったかな。」
・「縁の下として支えつつ、支えてもらいつつ。苦手なところはやってくれて　バランスとれてプロジェクトは成功したんじゃないかな。」

リーダーD　マイナスに自己評価（複数項目下がった学生）
〈主な役割〉プロジェクトリーダー（開始時）〈目標〉大学祭の実行委員長（ゼミ内）でやらせていただいたこともあり、今回もプロジェクトのリーダーとして、みんなをまとめる力を身につけ、頑張りたい。

社会人力	差分
① 働きかけ力	0
② 課題発見・解決力	0
③ 創造力	0
④ 発信力	1
⑤ 傾聴力	▲1
⑥ 柔軟性	1
⑦ 状況把握力	0
⑧ 主体性	▲1
⑨ 計画力	2
⑩ 実行力	▲1
⑪ 規律性	▲1
⑫ ストレスコントロール力	0

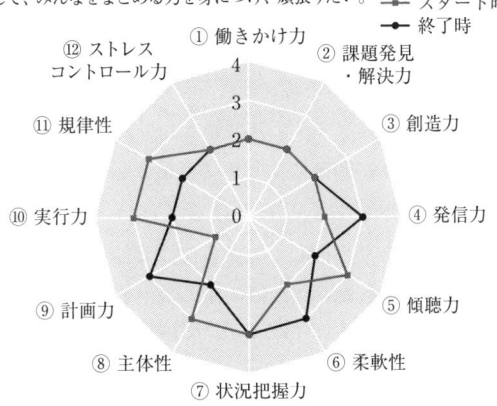

コメント
・「計画はすき、無駄なくできるから。」
・「人は使いたいけど、自分は動きたくない自分の計画をやりたいことはやりたいけど。」
・「縁の下の力持ちが好きっすね。」
・「自分で計画たててない＝思い入れもない」
・「人任せっていうか、ゼミ内で大人しくしていたかった。」

なかで、リーダー的位置づけ（当初からの「ゼミ長」「プロジェクトリーダー」）の学生2名を含む4名の学生について顕著な特徴が見られた。その4名をリーダーA、B、C、Dとして、それぞれの自己評価を示したものが図7-2である。4名の自己評価の結果としては、リーダーAが全項目をプラスに評価し、リーダーBは複数項目をプラスに評価している。リーダーA、Bが全学生の中でも明確にプラス評価した一方で、リーダーC、Dはともに、多くの項目をマイナスに評価している。

以上4名の自己評価の結果をもとに、個別インタビューを行い、特筆すべきインタビュー内容の一部として引用したものも、「目標」と「主な役割」とともに図7-2に示している。

3　考察

4名いずれも他の学生と比較してプロジェクトに対して積極的な姿勢が見られた点は共通する。しかしながら、プラスあるいはマイナスと明確に自己評価がわかれたのは、自己に対する事前評価（自己認識）とプロジェクトを通した諸経験の結果のギャップからくるものであろう。具体的に、AとBは、事前に計画されたものではなく、意図せず表舞台に立つことになった結果、高い自己評価につながったと考えられる。一方、CとDの2名が、もともと目立った活躍が期待される立場にあったものの、最終的に表舞台に立つことなくプロジェクトを終えたことによる影響が大きいと考えられる。

ゼミ長のCと、当初（前期）のプロジェクトリーダーであったDの2名は、12項目中の4項目をマイナス評価とし、それぞれ数項目をプラス評価しただけであった。このように明確にマイナス評価が目立つ学生は全体の中でも2名だけである。逆に、シンポジウム[4]におけるプレゼンターとなったAと、MAPの採択企画の企画者でもあり、同じくパネリストとなったBの2名は、12項目中の多くをプラスに自己評価した。これは、他の学生と比較しても最上位に順位づけられる。

こうした傾向から「リーダー的役割を果たすこと」による、自己評価に対しての変化に顕著に見られることから、実際に育成効果があるとは言いきれないものの、自己認識を促すことができることは強調できるだろう。事前の自己評価と他者評価との差を見ても、A、Bがほとんどの項目に対して他者評価よりも自己評価が下回っている。一方でC、Dは自己評価の方が高い傾向にある。したがって、個人的な要因として見ることもできるが、非リーダー群の自己評価に特徴が見られないこ

とからも「どのような役割か」というよりも「リーダー的役割かどうか」がポイントになるということが指摘できよう⁽⁵⁾。次に、4名それぞれのコメントから『社会人力』についての高評価・低評価について順に見ていく。

Aは、事前には、自分自身の能力がわからなかったと言うものの、プロジェクトを通して様々な『社会人力』が自らに備わっていたという気づきを得たという。コメントにもある通り、他の学生よりもプロジェクトに対して多くの時間を割いたという点では最も貢献したということは明らかであり、唯一4人のなかでは「⑧主体性」をプラスに評価している。

Bは、プラス項目がプロジェクトでの役割と明らかに対応している。主としてMAP掲載ショップ等への取材についてのコメントが多い。プロジェクトでの活躍だけではなく、ゼミ内では一番に就職内定を得たが、その反面、授業時間帯での欠席は少なくなく、授業時間外での企画・取材に力を入れた結果が表れている。

Cは、コメントに「縁の下」という言葉が出てくる通り、表舞台に立つことがなかった結果、実施に際しての自分自身についての満足度も高くなく、自己評価に低い結果として表れているようである。役割としての「ゼミ長」というばかりでなく、実際の活動としても大学祭や名東区の春まつりでの展示で「③創造力」を発揮しリーダー的役割を果たしていることはプラスに評価されている。

Dは、Cとともに「縁の下」とするとともに、そのような位置付けが好きだともコメントしている。ただし、本プロジェクトでは自らの至らなさを知ることが多かったようで、多くをマイナス評価としている。そのようななかで自ら計画を立てなかったものの「⑨計画力」があるという気づきを得るなど、プロジェクト全体を見据えながら客観的な評価を行っている。

プロジェクトそのものは、当初は学生にプロジェクト全体の企画を募ることから開始したものの、連携先の意向を汲み取る必要性から、学生の主体性を求めるものとはしていない。この点で、全学生の主体性の評価が低くなったと考えられる。

Ⅲ　プロジェクトの評価と実践的含意

1　アクティブ・ラーニングの視点から

学生へのインタビューと自己評価を見るかぎり、『社会人力』修得のためには一定程度の効果があったといえる。しかしながら、検討すべき点として、そもそも13名の学生は他の同学年の学生と比較して積極的な学生生活を送っていたという

事実が指摘できる。本学の経営学部内での参加率はおおよそ1～2割程度であるインターンシップ（単位認定あり）にも、13名中8名が参加していることや、参加率が5割程度であった就職合宿にも13名中11（欠席者2名のうち1名はアルバイト先に内々定）名が参加していることからもうかがい知れる。もちろん、それぞれ教員が参加を強く促したか否かの結果にすぎないともいえるものの、アクティブ・ラーニングとしての大学祭参加（模擬店・展示）などの小さな積み重ねが、地域連携PBLの実現につながったことも事実であろう。

　上述した自己評価およびインタビューの結果のみからは、どのようなイベント（実施内容の種類）がどのような力に結びついているのかは推測の域を出る考察はできない。しかしながら、実践的には、どのような形態の授業であろうとも、授業（フェーズ）ごとでのねらいがそれぞれ重要であり、その成果の積み重ねが就業力の修得の過程に他ならない。フェーズ別の実施内容を、アクティブ・ラーニングの「学習法」および地域連携の視点からまとめることが必要であろう。プロジェクトをいかに評価し改善につなげるかは、それ自体の評価とともに学習としての目的を検討し、計画し、振り返ることが重要である。ここでは、質量ともに地域連携の程度を評価することに加え、どのような学習法を採用することが望ましいのか等に着目しなければならない。学習法については、Barkleyら（2005）による協同学習の技法の分類（話し合いの技法、教え合いの技法、問題解決の技法、図解の技法、文書作成の技法）をもとにするなどが考えられよう。本書でも述べられている通り、ある技法が必ずひとつの類型に落とし込まれるべきものではない。ときに、図解を用いて教え合い、話し合い、その結果、文書を作成することもあるだろう。こうした一連の学習をプロジェクトにいかに組み込むかが学習としての肝であろう。

2　地域連携の視点から

　複数の地元情報誌に取り上げられたことは「実際に動いて新しい価値を生み出す」という点で評価できる。ささやかながらも、地域活性化という点で意味はあったであろうし、学生も取材を受ける立場としての地域とのかかわりは、新鮮なものであったようである。しかしながら、地域の課題を発見し、その課題の解決案を考え、作品を完成することができたものの、次へのステップは明確とはいえなかった。結果的には、偶然を取り込みながら、年度をまたいでプロジェクトを継続的なものとしていった。学生の事後の自己評価を行った5月からその後をまとめると表

表 7-3 「地域 MAP 作成プロジェクト」から「地域 CM 作成プロジェクト」へ

日程	内容
2012 年　5 月 13 日（日）	第 17 回「名東の日・区民まつり」（平和の丘 春まつり）
2012 年　7 月 16 日（月）	第 24 回愛知サマーセミナーにゼミとして講師参加（講座の企画と実施）
2012 年 10 月	CM 作成開始その 1
2012 年 11 月	大学祭（展示・模擬店）
2012 年 12 月	CM 作成開始その 2
2012 年 12 月	プレゼンテーション資料作成開始
2013 年　1 月 18 日（金）	ゼミナール交流会（大学内での発表会）
2013 年　1 月 25 日（金）	名東区役所（区長を前に）プレゼンテーション
2013 年	名東区役所 1F フロアにて CM 放映

7-3 のとおりである。

　地域 MAP の完成後、次期の取り組みとして構想されていた地域 CM 作成は、具体的な実施が後期からとなった。その大きな理由は、学生の就職活動時期と重なっていることに加え、明確な連携の体制が整わなかったことである。最終的にはプレゼンテーションを経て CM（PR ムービー）放送という成果を残すことが出来たものの、その過程、成果物（CM）そのものを見る限り、地域 MAP 作成プロジェクトと比較して「成功した」とは言い難い。

　「企業が求める力」の育成に好影響を与えたイベントが 4 つ（①多様な人々との協働、②自分の役割、③目標達成、④創造的失敗）抽出されたという見舘（2013）の「教職員が PBL を設計する上で留意するべき点」に基づけば、「地域連携 PBL」は、多様な人々との協働としてまたとない機会となり得る。もちろん、大学近隣の「地域」を連携先とするのか、県とするのか市町村とするのか、諸条件を検討する必要があるものの、他者への配慮の必要性が高くなり、プレゼンテーション等の実施も締め切り期日を意識させることができる。

　一方で、ゼミ合宿のような、まとまった時間が必要になるため、事前に時間・お金・チームの能力を見積もることが重要となる。それによって「目標」「着地点」が明確となり、その達成を促すためにも学生の役割を明確にすることなどによって、何をどこまで任せるのかが決まり、教員が担うだけの役割（負担）とともに協働体系としてのプロジェクトの全体像がイメージできる。本プロジェクトで言えば、目標を再設定あるいは見直しを図りながら、各学生に役割を認識させることで、就職活動等との両立を可能とさせることが出来たであろう。プロジェクト開始

の時点で2月のシンポジウムへの参加を提案したことで、目標（ゴール）は明確であった一方で、目的（地域MAP作成プロジェクト）が手段となった面もあり、その後の継続的なプロジェクトを難しくさせた面もあったと思われる。イベント的に終わらせず、継続的に学び続けることができるようにする方法論が必要になる。

基礎的な『社会人力』から発展的に『社会人力』を修得していくには、実社会に出ることによる一層の広く深い経験・学習を待つしかないことは明らかである。同時に、限定的ではあるものの学生としての地域社会における関わりの中で、継続的成長の第一歩として種々の能力的成長を促すことは可能なはずである。

おわりに

学生の意識調査の分析は、1年間のプロジェクトに関するものであり、事前の就業力育成支援事業としての計画をもとに、学生の『社会人力』の伸長を自己評価したものであった。結果的には年度をまたいだ2年間にわたるプロジェクトとしてとらえることもできるが、自己評価そのものはいくつかの理由から分析が困難であった。ひとつは評価指標自体が4段階であったため最終評価時には4を超える高評価をつけることができない等の問題が出たことである。これは一部の学生は中間評価の時点でも指摘していた点である。その他には、学生の授業出席率の悪さから自己評価が困難と考える学生自身が少なくなかったことである。こうした実態は、本プロジェクト特有の問題ではなく、学生の就業力等の調査の厳密さを追求する困難な要因のひとつであろう。

本プロジェクトとしては、当初、「パイロットPBL実施計画書」として示したのは、授業の目的にはじまり学生の到達目標、PBL導入の意図・目的、本PBL授業の特色、成績評価の方法、使用テキスト・参考書等である。この中で、本章では成績評価に関しては検討することが出来なかった。プロジェクトの実施過程における活動をより詳細に細分化し、記録した行動とその結果を明示し振り返ることで学生の成績評価も容易になるのではないかと考える。

今後の課題は、地域連携PBLという点では、単にアクティブ・ラーニング系の科目ではなく「地域連携」であることの就業力育成効果をより明確にすることである。また、より育成者（本章では、主として教員）の負担を抑えながら効果的な取り組みを実施する方法・仕組みの検討が実践上の課題といえよう。この点では、PBL

という学習法をどのように活用するのか、さらに地域連携そのものが学習にとってどのような意味があるのか等をさらに検討していく必要があるとともに、そのような形態での学びを選択するか否か、それ自体の判断が重要であるように思われる。

　ゼミ活動における就業力育成は、高次のアクティブ・ラーニングともいえる地域連携PBLに限ったものではない。ただし、今回の試行的実施から言えることとして、「ゼミ活動」によって専門の学びを深めるとともに、就業力の育成を行うことは容易ではないものの、それを実現するための目指すべき姿のひとつであるとして本章を締めくくりたい。

【注】
(1) 公募は2011年度および2012年度に実施された。本事例は、2011年度専門演習Ⅰ・Ⅱ「地域MAP作成プロジェクト」に引き続き、2012年度専門演習Ⅲ・Ⅳ「地域CM作成プロジェクト」として応募、採択されたものである。
(2) 学内においては、大学周辺のMAP作成プロジェクトが職員を中心に手掛けられていたが、学生の参画が思わしくないなどの理由から作成の実行にうつされぬままの状態にあるなど、潜在的ニーズがあった。
(3) これらについては以下を参照されたい。手嶋慎介（2013）「人権尊重のまちづくりのための教育・啓発事業——『人間尊重経営』の視点からの考察」愛知東邦大学地域創造研究所編『人が人らしく生きるために——人権について考える』唯学書房、94〜114ページ。
(4) 文部科学省 平成22年度「大学生の就業力育成支援事業」採択プログラム 地域連携PBL推進シンポジウム「就業力育成と地域連携PBLの試み」（2012年2月28日、名古屋ガーデンパレス）。
(5) 「リーダー」という点では、立教大学の取り組みのようなリーダーシップの涵養、リーダーシップ教育という視点からの検討も必要であろう。日向野幹也（2013）『大学教育アントレプレナーシップ——新時代のリーダーシップの涵養』ナカニシヤ出版を参照されたい。特に実践的な経営学教育としての検討は今後の研究課題としたい。

【引用文献】
・Elizabeth F. Barkley, K. Patricia Cross, and Claire Howell Major（2005）*Collaborative Learning Techniques: A Handbook for College Faculty,* John Wiley & Sons, Inc.（安永悟監訳『協同学習の技法——大学教育の手引き』ナカニシヤ出版、2009年）
・学校法人東邦学園 愛知東邦大学（2012）『地域連携PBLを核とした就業力の育成』平成23年度文部科学省 大学生の就業力育成支援事業報告書

- 三重大学高等教育創造開発センター（2011）『三重大学版Problem Based Learningの手引き――多様なPBL授業の展開』三重大学高等教育創造開発センター
- 見舘好隆（2013）「課題解決型学習で「企業が求める力」は育成できるのか――学内合同企業説明会の企画運営PBL参加者の育成と、その育成に影響を与えたイベント」『ビジネス実務論集』第31号

第8章　スポーツイベントの企画・運営の実践
——名古屋オーシャンズ観客動員プロジェクトを中心に

長谷川 望

はじめに

　文部科学省は2011年1月の中央審議会答申やその後の議論において、「若者の社会的・職業的自立」や「学校から社会・職業への移行」を巡る様々な課題を指摘している。また、グローバル化や知識基盤社会の到来、就業構造・雇用慣行の変化等による、教育、雇用・労働をめぐる新たな課題についても言及している。そのような時代背景から、文部科学省、経済産業省、厚生労働省は、それぞれ、学士力、社会人基礎力、就職基礎能力などの種々の能力を提唱しており、大学教育においては、それらの能力を高めることが求められている（1章　参照）。

　また、「社会貢献」を大学の責務として明示した中央教育審議会の答申がある。2005年にこの審議会が示した「我が国の高等教育の将来像」では、教育、研究と並んで、社会貢献が大学の「第三の使命」として位置づけられた。長期的な視点で考えると、教育と研究も社会貢献につながりうるのだが、実社会の問題解決や発展に対してより直接的な貢献を行うことが、大学に求められるようになったのである。

　このように「地域」をキーワードに、新たな目標や機能を拡充していくことが強く求められるようになった。そのため、研究成果を生かして、あるいは大学の教育活動を通して、どのように地域社会に貢献していくかを考えることが、大学運営の重要な課題となっている。そのため、各大学では、正課内や正課外での教育活動において、地域の問題や課題について地域と連携・協力して改善していくような取組みがなされてきている。例えば、全学的にカリキュラムに反映させ、科目を新設し、今日では、PBL（Project-Based Learning）、アクティブ・ラーニング、サービス・ラーニングといわれるような手法を用いた事例がある。或いは、ゼミ活動の一環として、教員の専門性に応じて、個々の教員の裁量により実施されてきている

表8-1 専門演習Ⅰ・Ⅱ授業内容

第1回目	概要説明　活動予定　自己紹介	概要説明　活動予定　役割分担
第2回目	役割分担　心理的競技能力の診断　心理テストの活用	TOHOサッカーフェスティバルふりかえり
第3回目	チームマネジメント　ミーティングの手法（ブレーンストーミング、KJ法）	論文検索の仕方　論文の読み方
第4回目	名東区民まつり　「キッズリーダー講習会」（愛知県サッカー協会キッズ委員会）	論文の読み方
第5回目	ミーティングの手法まとめ　発表	大学祭企画・役割分担
第6回目	イメージトレーニングの実践	大学祭準備
第7回目	アイスブレイクゲーム指導法	大学祭準備
第8回目	TOHOサッカーフェスティバル企画　役割分担	大学祭　子供や大人とのコミュニケーション
第9回目	野外活動スキルアップ研修（株式会社）	大学祭振り返り
第10回目	野外活動スキルアップ研修（株式会社）	スポーツシンポジウム
第11回目	野外活動スキルアップ研修（株式会社）	職業人の話を聞く（スポーツクラブ）
第12回目	TOHOサッカーフェスティバル打ち合わせ	論文まとめと発表
第13回目	TOHOフェスティバル役割ごと最終確認	ジュニアスポーツ講習会参加（NPO法人）
第14回目	TOHOサッカーフェスティバル実践練習	論文まとめと発表
第15回目	TOHOサッカーフェスティバル運営（愛知県サッカー協会キッズ委員会）	論文まとめと発表
授業外の活動	TOHOサッカーフェスティバルチラシ配布　野外活動実習学生スタッフ	大学祭　ジュニアスポーツ講習会参加

ケースが多い。さらには、正課外の教育活動として行われているクラブ・サークル活動を通じて、地域社会に対していかに貢献、協力できるかを考え、それぞれのクラブの特徴を生かしスポーツ教室を開催、ボランティア活動、商品開発などに取組んでいる。

　本学においても、2010年度文部科学省の現代GP「大学生の就業力育成支援事業」採択を受け、「地域連携PBLを核とした就業力の育成」（以下、地域連携PBL）という取組名称のもと3、4年次には、「東邦プロジェクト」という科目において、地域との課題に取組む授業が展開することとなった。

　そこで、本章においては、地域連携PBLへ向けたパイロット授業として実施された、人間学部人間健康学科の専門演習で取り組んだPBLが学生のどのような力を育んだのか検討することとする。また、人間学部人間健康学科の専門演習として取り組んだPBLについて考察することとした。

第 8 章　スポーツイベントの企画・運営の実践

表 8-2　専門演習Ⅲ・Ⅳ授業内容

第 1 回目	概要説明　活動予定　就職活動状況の報告	TOHO サッカーフェスティバル運営
第 2 回目	卒業論文・卒論発表までの概要説明	TOHO サッカーフェスティバルふりかえり　大学祭企画打合せ
第 3 回目	テーマ発表　デモンストレーション	大学祭までの流れのシミュレーション（目標設定）　役割分担
第 4 回目	テーマ発表　プレゼンテーションの実際	ブレーンストーミングを用いて、内容、対象の検討
第 5 回目	テーマ発表　プレゼンテーションの実際	グループごと準備（作業中心）
第 6 回目	テーマ発表　プレゼンテーションの実際	グループごと準備（シミュレーションと修正）
第 7 回目	アイスブレイキングゲーム・ボール運動の展開と指導法	全体準備（大学祭企画＋プロフットサルチーム観客動員に関するアンケート作成）
第 8 回目	中間発表へ向けて準備	大学祭シミュレーション　オーシャンアリーナ満席プロジェクト説明
第 9 回目	中間発表へ向けて準備	大学祭　プロフットサルチーム観客動員に関するアンケート実施
第 10 回目	TOHO サッカーフェスティバル打合せ（日程、目的、対象、定員）	大学祭ふりかえり　調査対象チーム研究、アンケート配布、結果入力
第 11 回目	TOHO サッカーフェスティバル打合せ（役割決め）	チーム紹介、クリスマス特別企画に関するポスター、チラシの作成、掲示
第 12 回目	プロスポーツ現場から学ぶ：名古屋オーシャンズ施設見学	オーシャンアリーナ満席プロジェクト
第 13 回目	TOHO サッカーフェスティバル打合せ（役割ごと）	プロジェクトふりかえり　まとめのスライド作成
第 14 回目	TOHO サッカーフェスティバル実践練習	ゼミ内発表会
第 15 回目	TOHO サッカーフェスティバル実践練習	ゼミ発表会
授業外の活動	プロスポーツ現場の視察　名古屋オーシャンズ試合運営手伝い　TOHO サッカーフェスティバルチラシ配布	オーシャンズ打合せ 6 回　三菱ダイヤモンドドルフィンズ見学　ポスター作製　チラシ作成　アンケート実施　結果入力　講演会発表

Ⅰ　名古屋オーシャンズ観客動員プロジェクト (PBL) の概要

1　PBL 実施の背景

　2007 年度、愛知東邦大学人間学部において、地域の人々の生活と暮らしの充実を支える人材育成、そして人間の学際的学問分野を学修することで専門性と現実的対応性を兼ね備え、真に地域に役立つ「生きる力のある人間」を育成することを目的とし人間健康学科が設置された（1 章　参照）。

　1・2 年生の学びを生かし専門演習においては、表 8-1、表 8-2 に示したように、3 年生の専門演習を踏まえて 4 年生の専門演習へつながるように計画されていた。また、3・4 年生の専門科目と合わせて、教員の専門性を重視しシラバスの内容を

計画し実施してきていた。さらに、外部の専門家との連携や専門的に学んだ学生の活躍、教育の場として、地域住民に対するスポーツ指導を通した地域貢献を実施してきた。

一方、パイロット授業としてのPBLにおいては、以下のことをできる限り取り入れるようにガイドラインとして示され、社会人力を高めることを期待されていた。①専門に関連するまたは専門知識を活かすプロジェクトを設定する。②PDCAをできるだけ取り入れ、最後に発表の機会を必ず作る。③チーム活動をできるだけ取り入れる。④役割分担をする。⑤大学外でのリソースと協働する機会を一定程度取り入れる（地域、個人、機関、企業など）。

以上のように、専門演習の内容と本学の地域連携PBLと目的や方法は共通する点が多くあったため、パイロット授業として実施することにした。

パイロット授業として実施するにあたり、子どものスポーツイベント企画、運営と指導の実体験を繰り返し、課題を自ら考え解決する力や、仲間と協力して取り組む力、コミュニケーション能力といった力を身につけることを目的とした。具体的には、表8-1に示した専門演習Ⅰ・Ⅱの内容を踏まえて、表8-2に示した専門演習Ⅲを計画実施し、そこで学生から新たな提案がなされ、それをうけ専門演習Ⅳの内容を実施した。

2　PBLの目的

プロフットサルチーム名古屋オーシャンズ観客動員プロジェクトをプロジェクトとして取り入れたのは、学生から名古屋オーシャンズと連携してPBLを実施したいという声があったからである。理由としては、専門演習Ⅲの授業内容であるプロスポーツ現場の視察にプロフットサルチームの名古屋オーシャンズへ施設見学並びに、スタッフからトレーニング、スクール、試合運営など様々な話を聞きに行かせて頂いたことがあげられる。そして、そのことをきっかけに公式戦の試合運営にボランティアとして関わったことにより、継続的に関わりたいという気持ちが学生に芽生えたためであった。自分たちが提案したプロジェクトを実施することで、学生のモチベーションが高まり、積極的な姿勢で授業に取り組むのではないかと考え、予定を変更しプロジェクトを卒業へ向けての最終プロジェクトとして設定した。また、卒業論文を個人のテーマに沿って、まとめていくのではなく、チーム（グループ）での課題を設定し解決していく過程で履修学生の本章でいうところの社会人力

第8章　スポーツイベントの企画・運営の実践　　81

図8-1　名古屋オーシャンズとゼミとの連携――企画までの取り組み

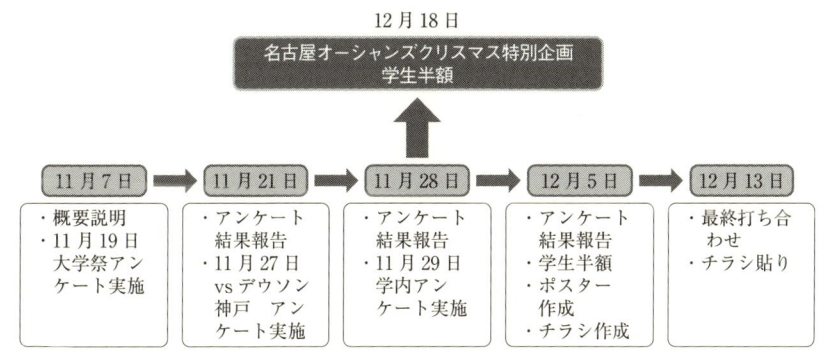

12月18日
名古屋オーシャンズクリスマス特別企画
学生半額

11月7日	11月21日	11月28日	12月5日	12月13日
・概要説明 ・11月19日大学祭アンケート実施	・アンケート結果報告 ・11月27日vsデウソン神戸　アンケート実施	・アンケート結果報告 ・11月29日学内アンケート実施	・アンケート結果報告 ・学生半額 ・ポスター作成 ・チラシ作成	・最終打ち合わせ ・チラシ貼り

を高めるともに大学生活の集大成としてまとめることを目的とした。

3　PBLの実施内容

①参加者

　愛知東邦大学人間学部人間健康学科の専門演習Ⅲ・Ⅳにおいて、筆者の演習を履修した学生のうち4年生15名であった。

②実践期間及び実施内容

　2011年10月から2011年12月にかけて実施したプロジェクトの内容の概略は図8-1の通りであった。まず、プロフットサルチームの名古屋オーシャンズに関わって、何か役に立ちたいという学生の意見を伝えるとともに、先方のニーズを聞き取り調査するためのミーティングを開催した。そこで、担当者より、観客数が少ないという課題があり、学生のアイディア、企画を考えてほしいとの依頼を受けた。そこで、まず大学祭において名古屋オーシャンズの認知度を調べるためのアンケートを実施した。また、同時に愛知県内にある他競技のチームの地域への取組みやファンサービスといった観客動員につがなる取り組みについて、文献調査、インタビュー調査を実施した。その結果、認知度がかなり低いことが分かったため、担当者に伝え実際の来場者の観客層について調査することを提案し、公式戦でアンケートを実施することとした。回収できたアンケートの結果、回答者209名のうち小学生49名、中学生21名、高校生2名、大学生3名、社会人134名と、高校生、

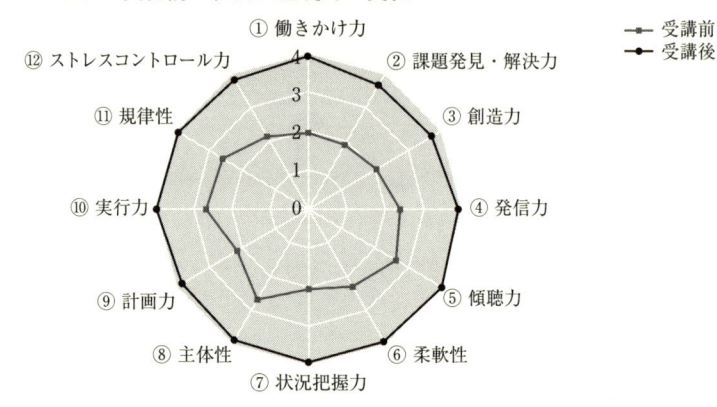

図8-2 プロジェクト実施前の社会人基礎力の変化

① 働きかけ力
② 課題発見・解決力
③ 創造力
④ 発信力
⑤ 傾聴力
⑥ 柔軟性
⑦ 状況把握力
⑧ 主体性
⑨ 計画力
⑩ 実行力
⑪ 規律性
⑫ ストレスコントロール力

― 受講前
― 受講後

　大学生が非常に少ないことが明らかになった。そこで次に、大学生、高校生の層に来場してもらうことが課題と考え、大学生にどのようなことがあると試合を観に来ると思うか等の調査を実施した。結果、現在は認知度も低く、スポーツそのものの魅力では来ないので特典や、割引があれば行くという回答を多く得た。そこで、本来チケット収入が重要であることを理解したうえで、一度足を運んでもらい魅力を味わってもらうために、小学生から大学生までクリスマス特別企画として、チケットを半額にすることを提案した。そして、チームカラーである赤いものを身に着けて、来場してもらいアリーナを赤く染めようという企画を提案した。提案が了承され、告知活動を実施した。チームを知ってもらうポスターを学内で掲示するとともに、特別企画の半額のチラシを配布、或いは学生のバイト先や知り合いに配布、設置した。また、HPによる告知も行った。当日は、リピーターを増やすために、サポーターとともに、会場を盛り上げ、応援し楽しい雰囲気を演出した。試合後、来場者の調査の結果報告、今後への取組みについて、担当者とミーティングを実施し、その後、プロジェクトの発表を行った。

③学生の変化
　名古屋オーシャンズ観客動員プロジェクトに参加した、学生の社会人力の自己評価尺度の前後の結果すべての項目において自己評価が高まっていた。

Ⅱ　成果と課題

　結果として、本プロジェクトに参加した学生の社会人力を全ての項目において高めることとなった。1つの目標に向けて、役割分担をし、学生個々が個人の興味のあるスポーツ種目、スポーツチームを調べ、調査に行くことでプロジェクトに対するモチベーションが高まり、目標達成に向けて協力して取り組めたことが大きな要因であったと考える。また、プロスポーツの現場に実際に関わることで、責任感や緊張感を持ってプロジェクトに取組んだことも影響していると考えられる。そして、プロスポーツの現場で自分たちの調査結果やアイデアが採用され実際の公式戦に取り入れられたことにより、なんらかの達成感を得たことが自己評価の向上につながっていると推察される。また、数字には表われていないが、取り組み方に個人差がかなりあったことも見過ごせない。一部の学生は授業時間外も含め非常に積極的に取り組んだが、一部の学生は人任せになり、あまり主体的に取り組むことができなかった。さらに、筆者の専門性を鑑みると、適時適切な指導やアドバイスができたとはいい難い。学生と一緒に悩み、考え、作り上げたこと自体は意味のあることではあると考える。しかし、それが教員の専門領域であれば、学生にもチーム（企業）にとっても、さらに得るものがあると考える。つまり、地域連携を正課授業に組込むにあたり、地域や企業のニーズに応えながらも教員の専門性、研究活動と結びついた内容を実施することが、学生や教員、企業、そして、地域住民にとってメリットが得られる。また、プロジェクトの専門性や継続性を考えた上でも重要な課題となろう。教員の研究活動の延長線上にある課題を実施することで、授業時間外での活動時間も教育・研究の一部と捉えられる。そして、学生は専門の学びの集大成として体験的な学習の機会を得ることとなる。

【参考文献】
・愛知東邦大学（2012）「地域連携PBLを核とした就業力の育成」平成23年度 文部科学省 大学生の就業力育成事業報告書
・長谷川望、葛原憲治、御園慎一郎（2014）「サッカーを通じた地域活性化の取組み――地元Jクラブとの連携に向けて」地域活性化学会第6回大会報告集
・文部科学省（2011）中央教育審議会答申「今後の学校におけるキャリア教育・職業教育の在り方」
http://www.next.go.jp/component/b_menu/shingi/toushin/_icsFiles/afieldfile/2011/02/01/1301878_1_1.pdf

第 9 章 「段階的 PBL プログラム」構築に向けて

小柳津 久美子

　近年、大学教育において、「能動的な学習」「主体的に学ぶ」「アクティブ・ラーニング」と言ったキーワードが「大学の質的転換」「大学の質保証」の中で語られている。

　つまり、「大学での教育を変えよ」と言うことなのだが、その原因は大きくはふたつに分けられる。1点は社会が変わったためである。バブル崩壊以前、大学生は「元気で明るく、色々な経験をしてきた人」が好まれた。そして仕事に関しては、入社後に研修・OJTと形態は様々あれ、どの企業も一定の時間をかけて一人前になってくれればよいという考えであった。大学は純粋に学問と向き合う場で良かった。しかし、バブル崩壊以降、社会環境は変化し、雇用形態も終身雇用でなくなり、中途採用も一般的になり「即戦力」が合言葉になってしまった。新卒でも働く上で基本的な能力は大学生のうちに身に付けて欲しいという産業界ニーズに変化したため、大学が対応せざるを得なくなったのである。もう1点は、学生が変わったのである。その大きな要因は大学のユニバーサル化である。専門学校も含めると高校卒業した者の7割以上が働くことではなく「学ぶ」場に引き続き進むのである。「みんな行くから」進むのである。「自主的」でも「主体的」でもなく、大学という場に流れ着いてくるものが少なくない。

　その様な中、大学では企業の即戦力になるような汎用的な力を持った人を育てなければならない。もちろん、大学は就職予備校ではない。しかし、大学の務めとして、社会で役立つ人材を育成する必要はあるだろう。PBLは社会で役立つ汎用的な力を育てる上で適した手法だと考えられ、注目されているのであるが、その成り立ちを見ると現在、少し誤った捉え方をされている場合がある。

　そこで、まず、PBLの成り立ち、手法としての意義を確認した後、愛知東邦大学（以下、同大学）において、2013年度後期に開講した「東邦プロジェクトⅠ」の実践内容について触れていきたいと思う。

I　PBLとは

　PBLとはProject-Based Learningの略であり、課題解決型学習と言われている。複数の定義が存在するが、筆者が授業設計の際に参考にした定義は、「一定期間内に、一定の目標を実現するために、自律的・主体的に学生が自ら発見した課題に取り組み、それを解決しようと、チームで協働して取り組んでいく創造的・社会的な学び」(京都高等教育研究センター、2011)である。PBLはProblem-Based Learningとも言われる。こちらは「問題解決型学習」と言われ、医歯薬系などで実習などの能動的な学習を指すことが多く、歴史は古い。

　PBLという学習法は、教育学、神経科学・心理学の学問的裏付けを持ち、ひとつには1990年代にアメリカのチャーター・スクールを中心として普及した。チャーター・スクールは1991年にミネソタ州法であるチャーター・スクール法に基づき、地域の保護者や住民などの要望に応じてつくられた公立学校である。チャーター・スクールはアメリカにおいて、社会環境の変化から教育の変化が求められ、そのニーズに対応するものとして生まれた学校である。PBL手法を取り入れたチャーター・スクールの代表的な学校として、ミネソタニューカントリースクール(以下、MNCS)が挙げられる。

　MNCSの取り組みをまとめた「学びの情熱を呼び覚ますプロジェクト・ベース学習」の中にある、ハーバード大学のトニー・ワーグナー氏の「まえがき」によると、当時、伝統的な高等学校の卒業率が50％を下回り、学校が何も面倒をみてくれないと常に不満に思う10代の若者たちの存在があり、そんな中で、MNCSをはじめとしたプロジェクト型の教育プログラムを取り入れた学校では、90％を超える生徒が短大あるいは4年制大学に進学したとある(ロナルド、2004)。

　筆者はアメリカのチャーター・スクールと類似の成り立ちである韓国・以友学校(中等学校)を2007年に訪問したことがある。韓国では、代案学校と呼ばれており、以友学校は振興住宅街であるソウル近郊に建てられた第1期の代案学校で2003年に設立された。韓国でもアメリカとほぼ同時期に代案教育の動きが活発になり、学校が設立されていった。アメリカと異なり社会環境の変化というより、教育改革(高等学校の平準化)の弊害によるところが大きい。その成り立ちには違いがあるものの、カリキュラムは自由度の高さや、子どもの自主性を重んじる姿勢、自然との触れ合いをはじめとした体験型学習が多く取り入れられているといった点では

MNCS らと教育内容は共通点が多い。

　当初は、体験型中心の教育プログラムでは競争の激しい大学受験に対応できないのではないかと不安視されたようだが、訪問した時期は 2 月で学期が終わり、卒業生を送り出したところであったため、一定の大学進学者を出すことができたと語る、教頭の笑顔が印象的であった。進学率は高いという結果を以て、学力の向上・定着が進んだというのは非常に狭義な見方ではあるが、現状の進学システムにも対応できているということで言えば、アメリカと同様に体験型学習の有効性を認めることができるだろう。

　前述したトニー・ワーグナー氏は、TED [1] において 2012 年に「遊びから情熱、そして目的へ」と語っている。いまや、教育現場は改善ではなく、時代に合わなくなったシステムの「改革」を行うべきであるという言葉に始まり、「知識をつけるのではなく、知識を使って何ができるかが大切である」「子どもたちには失敗ではなく、やり直しをさせればよい」「外的動機ではなく『世の中の役に立ちたい』という内的動機が子どもを動かす」「遊びを通して、自ら、情熱的に取り組むようになり、やがて目的を持って活動する」ということを説いている。PBL の様なプロジェクト型の学習法はこれからの時代に求められる効果的な学習法のひとつであることは確かであると言えよう。

　PBL はともすると、「実践的」が先に立ち、働く上で必要なことを体験する機会になっていたり、社会と連携することが大学の広報として有効であると考えられていたり、目的を見失っているのではないかと思われることが少なくない。

　PBL はあくまで教育手法であること、目的を見誤ることなく進めていくべきであることを改めて感じている。

Ⅱ　「地域連携 PBL」とは

　「地域連携 PBL」とは、第 5 章でも述べたが、同大学が就業力育成支援事業の中核として位置づけた手法である。

　同大学では、その事業報告書 [2] に書かれている定義を要約すると、「PBL という教育手法を用いて、担当教員の指導の下に学外組織と連携して学生がグループでプロジェクト活動に取り組むものであり、地域との連携が必須である」と定めている。実施科目は「東邦プロジェクトⅠ～Ⅳ」に止まらず、従来からある、各学部の

演習でも積極的に取り入れることを目指している。

　さて、「地域と連携する」と言うとお互いが並列の関係であり、産学連携と同じ様に使われているが、今回の場合はどうであろう。教育の場を学内ではなく、社会にスライドさせるのである。

　近いところでインターンシップを例に考えてみると、大学側は、企業に学生を一定期間預けて育ててもらうことができる。事前にマナー研修などは行うのだろうが、現場に教職員が常に同行するわけではない。大学関係者が同行せず慣れない場所で経験することこそが貴重である。その中で多くの事に気づき、失敗すらも学びとなり得る。一方、企業側は、学生が出すアイディアが商品開発に結び付くこともあるだろう。また、企業に入ってくる新入社員に近い気質を直に知り、新入社員育成に参考になるかもしれない。しかし、社員と全く同じところで同じ仕事をさせることはまずない。受け入れるために担当者を一定期間貼り付け、プログラムを用意しなければならない。どう見ても企業側の方の持ち出しが多いように感じるのである。

　筆者自身がこの「地域連携PBL」の授業プログラムを設計するにあたり、他大学の事例を調べてみた。そこで分かったことは、就業を経験するインターンシップでは、経験をさせてもらうという受け身な面が強い。しかし、地域と連携したPBLの場合は、なんらかの課題を解決するために学生はより能動的・主体的でなければならないという点が大きく異なる。また、能動的・主体的であっても、課題を解決するための知識やツールを持っている必要もある。なにより、PBLは学習法なのであるから、経験することだけではなく、学生は学ばなければならない。ところが、事例によっては、学ぶことより経験したことを結果として評価しているように見受けられるものもあった。「教室の中では経験できなかったことが、社会という場で、まちの人と一緒になって苦労し、喜ばれ、非常に貴重な機会となった」という調子である。確かに経験から学ぶことも多い。地域に飛び出して学生が学ぶためにはどのような仕掛けがあるのかどうか確認してみると「大丈夫かなあ。と思っていましたが、出してみれば学生は結構やるものですよ」「とりあえず、外に出してみればいいのです。そして失敗することが大切なのです。そこで初めて学生は己の無知に気づき、学ぶのです」「修羅場を体験させることがポイントです」という指導者の声がよく聞かれる。もちろん、失敗から学ぶことも多いし、苦しい思いをしたからこそ身につくこともあるだろう。しかし、意図的な仕掛けの成果か偶

然の産物か曖昧なケースも見受けられる。

　先に述べた通り、地域と連携したPBLは他大学でも実践例は多くあるが、必ずしも正課内で行われているものばかりではない。同大学が取り組もうとしている「地域連携PBL」は、大学が授業として行う以上、地域にお任せするのではなく、あくまで学内の教育の場ではできない、あるいは効果が少ない点を地域の力を借りて実施すべきことであり、学生にも「学ぶ場」であることを伝えておかなければならない。地域と連携するというプロジェクトは大学構内を中心に行われるプロジェクトと異なり、地域と連携し、教育的効果を出し地域になんらかの成果を提供しなければいけない。非常にハードルの高い取り組みなのである。

Ⅲ　パイロットPBLから見えた課題

　2013年度東邦プロジェクト開始にあたっては、2011、2012年度と2年にわたり、パイロット授業を実施している。その目的は、地域連携PBL実施について、および、PBL型の授業を各演習の中で取り入れることの可能性についての知見を集めることであった。2年間で延べ5名の教員、11ゼミで行われた。内容の一部が第2部第6章〜第8章にあるので、詳しくはそちらを参照されたい。

　実施のガイドラインは「PBL導入の手引き」(京都高等教育研究センター、2011)を参考に以下の5点とした。

・専門に関連するまたは、専門知識を活かすプロジェクトを設定する
・PDCAをできる限り取り入れ、最後に発表の機会を必ず作る
・チーム活動をできる限り取り入れる
・役割分担をする
・大学外のリソースと協働する機会を一定取り入れる（地域、個人、機関、企業等）

　2011年度は、対象となるゼミは専門知識を活かすプロジェクトということで、3、4年生の専門演習を対象にした。しかし、知見を集めるために、翌2012年度は地域連携を行わないPBL実施も対象にし、学年も2〜4年と広げて実施した。

　2年とも、実施する演習は公募し、活動費として、交通費や資料代として最高10万円が支給された。

また、検証ツールとしては、第5章Ⅱ-3にある、学生ポートフォリオの「社会人力」の自己評価を取り入れた。ただし、iPod touchは2011、2012年度入学生にしか配付されなかったため、紙ベースの資料を作成し実施した。

パイロット授業を2年間実施したことで多くの知見を集めることができた。手続きや経理処理などの問題も多く挙がったが、ここでは、教育的な見地での課題をいくつか挙げておくこととする。

まず、既存の演習で行ったことによる課題である。これまでの演習と比較し、より学生の主体性が求められることや、授業内ではその活動が収まらないことなどに対し、学生により反応に差が出た。興味を持って取り組む学生とそうでない学生の間に差が生じる。選択科目であれば、途中放棄することも学生自身の判断での選択となるが、必修科目ではそうはいかない。モチベーションが異なる学生が存在すると、チームでの活動に支障をきたし、必修科目としての運営が難しくなる点が挙げられた。この点は、専門演習を選択する際の情報提供で改善していくこととなった。

次に、「東邦プロジェクト」という科目は、筆者が担当することでスタートしたが、他の教員が担当するというケースが想定されていなかった。また、先と同様に、これまでの科目と比較し、より主体的な活動が求められたり、授業外での活動も想定されたりすることを学生にも伝える仕組みを作らなければならない。そこで、2014年度開講の東邦プロジェクトからは筆者以外に広く、担当教員を公募することと、学生向けにもシラバスの記載に止まらず、在学生のガイダンスで説明の時間を取るように可能な学部から体制を整えることとなった。

もう1点は、連携先である複数の外部との交渉が必要になるケースもあり、担当教員が1人で行うことの難しさが挙げられた。当初は、就業力支援事業の推進役である学修支援センターでその体制をつくることが考えられていた。しかし、当時の計画は、人的配置の面からも内容面でも具体性に欠けており現体制では困難なため、十分な体制を作り上げることはできていない。特に人的配置は他科目とのバランスも考慮せねばならない。今後、実施例を積み重ねる中で対費用効果も考えた適切な体制を検討していくことが求められている。

Ⅳ　段階的PBLの実践

他大学の事例や、パイロット授業の実施例を見ていく中で、筆者は同大学の場合

は主体的に活動するためのトレーニング期間が少し必要である学生の割合が高いと考えた。筆者の考えを後押ししてくれたのは、就業力育成支援事業のある外部評価者の方からの「あまり表舞台に立ったことがない学生をいきなり表舞台に立たせてもどうなのかなあ」と言う言葉である。そして「段階的PBL」という発想が生まれたのである。

PBLの入門的な位置づけの座学＋演習を行った上で、地域に出ていく。つまり、地域にお任せではなく、大学で必要最低限は教育してから地域に出す。それにより、学生も自分により自信を持ち、主体的に動くことができるという考えである。

実際に行った授業は以下のような内容である。

1　科目連携

1科目の中で、プロジェクト活動に関わるスキルや知識を座学で取り入れたとしても、学生は急に活用できるものばかりではない。そこで、筆者が担当する科目間で、連携を図ることにした。連携した科目は、2年次キャリア系科目「ライフデザインⅡ」である。第5章Ⅱ-1でも触れている東邦基礎力科目の中の1科目である。選択科目ではあるが、全員履修としている科目だ。キャリア形成に関する基本的な知識は1年次の「ライフデザインⅠ」で履修しており、「ライフデザインⅡ」では、Ⅰとの関連で学年に応じたキャリア形成に関するテーマを取扱いながら、「就業力」を意識したテーマを扱ったり、アクティブ・ラーニングを多く取り入れたりし、3年次に置いてある「東邦プロジェクトⅠ」履修に必要な力を養う内容に設計した。もちろん、東邦プロジェクトを履修しなくても「就業力の養成」として意味のある内容にしている。

例えば、プレゼンテーションを多く取り入れたり、グループ活動を行ったり、企画書の作成、地域の課題を論理的思考を用いて原因と結果を明らかにしたり、解決の糸口を考えたりする内容とし、プロジェクト活動で役立つような内容を工夫した。

また、最終回では、関連科目として、「東邦プロジェクトⅠ」「インターンシップ」を先輩の体験談や、地元ケーブルテレビで取り上げられたプロジェクト活動のドキュメンタリー番組を見せるなどし、学生に具体的な活動イメージを持たせるように仕掛けた。

さらに、同大学で初めて開講される授業ということで、どの様な学生が興味を

表9-1 「ライフデザインⅡ」授業アンケート結果（抜粋）
3年次の関連科目紹介を聞いて、受講したいと思いましたか（回答数186名）

科目名	とても	まあ	未定	あまり	全く
インターンシップ	20（10.8%）	64（34.4%）	77（41.4%）	16（8.6%）	9（4.8%）
東邦プロジェクトⅠ	6（3.2%）	52（28.0%）	99（53.2%）	19（10.2%）	10（5.4%）

表9-2 「東邦プロジェクトⅠ」について「とても」「まあ」と答えた学生の成績分布

A+	A	B	C	D
9（15.5%）	14（24.1%）	19（32.8%）	15（25.9%）	1（1.7%）

持ったか、授業の最終回にアンケートを取った。関連科目を授業の最後に伝えることは、学生に学びの接続を考えさせる機会になるが、教員にとっても予め学生の反応を見ることができる。

アンケートの結果は表9-1のとおりであった。

「とても」と強く受講を希望した人数は「インターンシップ」の「とても」の人数の3割に止まっている。「とても」＋「まあ」の割合を比較しても「インターンシップ」は45.2%、「東邦プロジェクトⅠ」は31.2%と10ポイント以上差が開いた。実際にこの数字がそのまま履修者数になる訳ではない。実際の履修者はこの結果よりかなり少なくなるだろう。確かに15分程度の説明で授業のイメージを理解し履修を決められるものではないだろう。しかし、3割の学生が興味を持ったという点においては良い結果を得ることができた。

興味を持った学生3割の「ライフデザインⅡ」の成績分布を調べてみた（表9-2）。

この分布状況や、個々の受講状況を見てみると、科目連携で試みたプロジェクト活動に必要な力をある程度身に付けたと言える学生（評価A以上）の割合は受講者の半数もいないことが分かった。

この結果は、次に述べるシラバスの作成後に分かった結果である。時系列が前後してしまうが、実際には、シラバスに記載した以上に、プロジェクトで必要な力の養成に時間がかかることになると言う認識を得ることができた。

2　シラバス

同大学における演習科目は多くはない。専門科目の中に位置づけられている3、

表9-3 「東邦プロジェクトⅠ」2013年度シラバスより抜粋

【授業の目的と概要】
　自主的に学ぶ中で「個々が目指す社会人」に必要な力（就業力等）を身に付けることを目的とします。
　「今よりもうちょっとまちを元気に！」（名東区、および周辺）をテーマに「まちの活性化プロジェクト案」を作成します。
　授業の前半では、必要なスキルを学び（座学）、学んだスキルを活かす（フィールドワーク等のアクティブ・ラーニング）を繰り返しながら論理的思考力・コミュニケーション力・課題解決力等を養います。
　授業の後半ではPBL（Project-Based Learning：課題解決型学習）手法を用いて、自分自身で考え、行動し、自らが答えを想像し、創造していく力の獲得につながる「答えのない」学びのプロジェクトを展開します。
「まちの活性化プロジェクト」は次年度前期「東邦プロジェクトⅢ」で実践する予定です。

4年生の必修科目「専門演習Ⅰ～Ⅳ」と4年生の選択科目である「卒業研究」のゼミナール2科目が代表的な演習科目である。

　2011～2013年度入学生を対象にしたカリキュラムにおいて2013年度に開講された演習科目は以下の通り。全学部対象の必修科目である1年生の「基礎演習Ⅰ・Ⅱ」2年生の「総合演習Ⅰ・Ⅱ」と計4科目。選択科目の中では、全学部対象の総合基礎科目・コンピューターリテラシー科目である「データベース演習」「Webページ作成演習」「リナックス演習」の3科目。人間学部人間健康学科対象の専門科目・トレーニング科学分野では「メンタルトレーニング演習」「コーディネーショントレーニング演習」の2科目。そして、心理分野「カウンセリング基礎演習」「カウンセリング演習」、社会福祉分野「社会福祉援助技術演習」の3科目。

　つまり学生から見ると、演習という科目は必修科目でクラス的な役割も持つ通称ゼミといわれる科目以外は、実習に近い演習科目に限定されるのである。

　その様な中、「東邦プロジェクトⅠ～Ⅳ」は専門科目のゼミナールの中の選択科目に位置づけられていた。つまり、分類上は「専門演習Ⅰ～Ⅳ」や「卒業研究」と同じである。

　2013年度後期に開講した「東邦プロジェクトⅠ」のシラバスでは、学生がどのような科目かイメージできる様に特に配慮をしなければならないと考え、表9-3の様に授業のコンセプトと授業方法を併記した。

　しかし、学生の自主性を期待する演習において、各回の内容を詳細に定めるのはいかがなものかと思う所もあったが、学生が活動をイメージしやすいことを重視することとし、所定のフォーマットに従い、表9-4のように内容と、学ぶスタイル

表9-4 「東邦プロジェクトⅠ」2013年度シラバスより抜粋

【各回の内容】
1. オリエンテーション
2. 目標設定／学ぶ仲間の取材
3. 情報の集め方、読み方（座学）
4. 名東区ってどんな町？（グループワーク）
5. フィールドワークとは？（座学）
6. まちを観察してみよう（フィールドワーク）
7. プレゼンに向けて（座学）
8. 調べたこと、観察したことをプレゼンしよう
9. 論理的思考と企画の立て方（座学）
10. テーマをさがせ（グループワーク）
11. 「まちの活性化プロジェクト案」の作成1（グループワーク）
12. 「まちの活性化プロジェクト案」の作成2（グループワーク）
13. 「まちの活性化プロジェクト案」の作成3（グループワーク）
14. プレゼンとフィードバック
15. 振り返り

が座学とグループワーク等のアクティブ・ラーニングが多く取り入れられ、自分たちでテーマを探すプロジェクト型学習であることが分かるように記載した。

しかし、前述したように、科目連携の試みで明らかになった履修に興味を持った層は、自主的にプロジェクト活動に取り組むことができる学生ばかりではないことが想定される。実際の履修登録者を見た上で、教員がコントロールできる座学や学内での活動と教員が完全にはコントロールできない学外の活動のバランスを想定していた以上に変えていかなければならない可能性が非常に高いことが授業開始前に明らかになった。

3　履修者の姿

前述のとおり課題を抱えたままのスタートとなった。前年度末の授業アンケートから、この授業を受けてみたいと答えた学生が23名であったので、実際の履修者は10名いるかどうかだろうと考えていた。しかし、1次登録時点の履修者数は43名であった。そのうち、アンケートで授業を受けてみたと考えていた学生は7名しかおらず、大半が、授業の説明を受けた時点では履修は考えていなかった学生である。

しかも、43名となるともう演習科目とは言い難い。元々「東邦プロジェクトⅠ」では、PBLの入門的な位置づけとしてきたので、30名くらいまでは授業が成立するように考えていたが、さすがに40名を超えると指導がかなり困難になる。

表9-5 「東邦プロジェクトⅠ」履修者＊の「ライフデザインⅡ」の成績分布

A+	A	B	C	D	K
2（8.3%）	2（8.3%）	4（16.7%）	10（41.7%）	1（4.2%）	5（20.8%）

（注）＊履修者：ただし、途中で脱落せず、授業後半以降も出席していた学生に限定。

　初回の授業では教室の記載ミスなどもあり16名しか受講しなかった。その結果第1、2回がオリエンテーションとなってしまった。授業の説明を受け、クラブ活動に熱心な者や留学生を中心に受講が困難だと考えた者が第3～5回の授業で脱落していき、30名弱が残った。途中での脱落も数名おり、最後まで授業を受けた学生は24名であった。

　それにしても、なぜ、アンケート結果を上回る履修者数であったのか。また、アンケート時点では興味を持たなかった学生が多く履修したのか。3年後期という開講時期がひとつ大きな要因であった。

　同大学はCAP制を取り入れており、半期で24単位。1年で48単位履修登録をすることができる。授業に熱心に取り組み、順調に単位を取得した学生は3年前期までで卒業に必要な単位数をほぼ取得している状態となる。その様に順調に単位を取得してきた学生は、3年後期は就職活動も本格的に取り組まなければならないと考え、必修科目のとりこぼしや、よほど興味のある科目しか取得しない傾向がある。逆に言うと、これまで単位を十分に取得できなかった学生はいよいよ本気になり、空いている時間にとにかく履修できる科目を入れていこうという考えになるのである。東邦プロジェクトに科目特性を十分理解した上で、興味を持って受講した学生は多くないということである。

　そのことは以下の3点から裏付けられる。

　1点目はオリエンテーション時にシラバスを事前に読んだ学生を確認したところ数名であった。次に、授業の前半に行った、受講者相互インタビューで受講理由を聞かせたところ、あきらかな目的意識を記載したものは9名程度に止まった。さらに、表9-5に示すようにライフデザインⅡでの成績分布から読み取ることができる。極端に成績上位者の履修が少ない。さらに、ライフデザインⅡで単位を取得できなかった学生は後半まで授業を受けていた学生の四分の一を占めている。

　科目連携の狙いであるプロジェクトに必要な力の基礎的な点でさえ十分身に付いていないと考えられる学生、つまりライフデザインⅡの評価がC以下の学生がお

表9-6　実際に行った授業の各回の内容

【各回の内容】
1. オリエンテーション
2. 目標設定／気になること探し（個人ワーク）
3. フィールド調査（座学）／仲間の取材（ペアワーク）
4. 分析手法（座学）／気になること探し（グループワーク）
5. 気になること探し（続き）
6. 発表と質疑
7. チームの決定と活動計画書作成（グループワーク）
8. 活動計画書作成続き
9. 活動計画書に基づくフィールドワーク
10. 活動報告書作成（グループワーク）
11. 活動報告会
12. 「まちの活性化プロジェクト」企画書作成（グループワーク）
13. 「まちの活性化プロジェクト」企画書作成（続き）
14. プレゼンとフィードバック
15. まとめ

よそ7割を占める状態で授業を行うことになったのであった。

4　授業内容

履修者の状況があきらかになったことで一番の課題はいかに主体的に動かすかという点だと考えた。

当初は「今よりもうちょっとまちを元気に！」をコンセプトにし、名東区や名古屋市のデータを分析する中で、ある程度、テーマを誘導していこうと考えていたが、それではやらされているという気になるのではと考え、コンセプトはそのままにし、コンセプトにあった活動を自分たちでみつけてもらうことにした。みつける活動自体が調査活動の基本になると考えたのである。

そこで、シラバスに記載されていた各回の内容（表9-4）を表9-6のように組み替えた。多少前後はあったものの、ほぼこの内容で実際に授業を行った。

表9-4と比較すると明らかであるが、主に、授業の前半を大幅に組み替えた。

5　ポートフォリオ

活動の振り返りを行うツールとしてのポートフォリオは不可欠である。この授業では紙のポートフォリオを用いた。同大学には、第5章Ⅱ-3で述べたようにe-ポートフォリオがあり、学生は授業の感想などを記録することができる。しかし、これはあくまで学生自身が学びの振り返りを行うためのものである。

図9-1 学生が記入したポートフォリオ（部分）

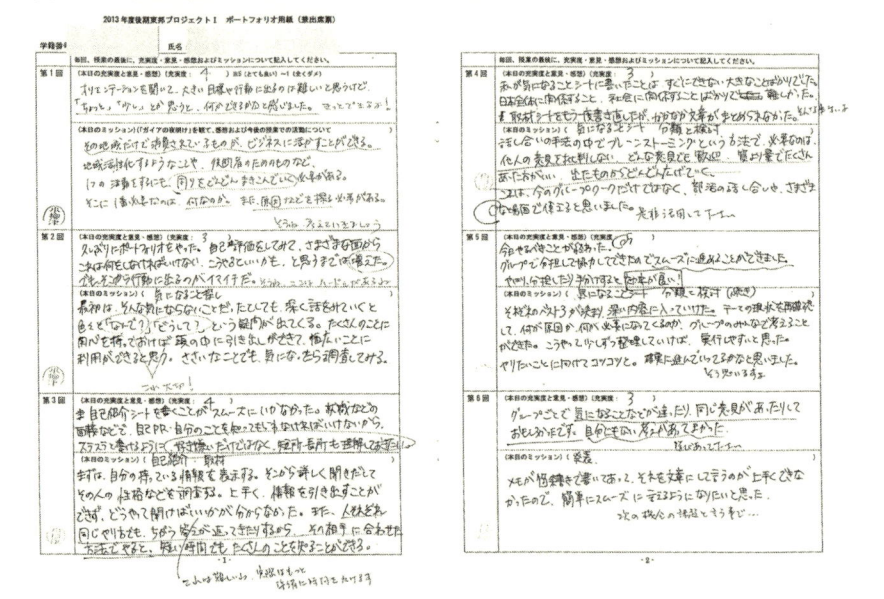

しかし、筆者は振り返りのツールとしてのポートフォリオには以下の要件が必要だと考えており、最も適しているのが紙のポートフォリオである。

PBLで用いる振り返りのツールとしてのポートフォリオの要件（筆者の見解）
・学生自身が手軽に振り返りを記録でき、見返すことができる
・教員も記録内容をいつでも確認することができる
・学生と教員の双方向の機能を備えている
・評価機能を持っている（教員評価、学生自己評価）
・手書きにより、学生の状況がより具体的に理解できる

筆者は他の授業でも紙のポートフォリオを振り返りツールとして用いてきた。毎回の授業の最後に、紙のポートフォリオに振り返りを記入させ提出してもらう。そして振り返りに対し、コメントを記入して次の授業で返す。授業で配付したプリントは取っておくよう伝え、授業内で取り組んだ課題は基本的に返却している。最後の授業でそれまでのプリントや課題を挟んで保存しその科目のポートフォリオが完

成する。

　1、2年生の「ライフデザインⅠ・Ⅱ」の授業では、A3見開きに15回分の振り返りが記入できるようにしていたが、今回は、グループワークが多くなるので、活動内容を詳細に記録するようA3見開きに6回分（図9-1）とし、一番後ろのページに社会人力[3]の事前・事後チェックや活動全体の振り返りができるようにレイアウトした。

6　評価方法

　評価の内訳は、授業での受講態度（意欲、自主性等）・発言や制作物70％、最終回の課題（活動を振り返るミニレポート）20％、相互評価10％とした。

　授業での参加態度や発言は提出物や、小テーマ単位で配点を設定した。小テーマ単位で都度、採点し積算していく形とした。

　最終回の課題はポートフォリオなどを読み返し、自分がこの活動を通して学んだことや身に付いたこと、得たことをどう今後に活用していきたいかをまとめさせた。

　相互評価は、的確に評価できるかという不安もあった。しかし、グループで活動すると、フリーライダーの出現が考えられる。そして、それに対し、まじめに取り組んだ者が「正直者が馬鹿を見た」という気にさせない仕掛けが必要だと考え、良い意味での牽制となる様に導入を決めた。

　このフリーライダーの問題は、PBLをはじめとするアクティブ・ラーニングで必ず課題として挙がってくる。遡れば、初等中等教育において、総合的な学習の時間を実施し明らかになっている課題である。筆者は現職の前に、教育出版社で勤務しており、小中学校や高等学校現場や教育委員会に取材に行く機会も何度かあった。その際に総合的な学習の時間における評価の問題としてすでに挙がっていたのである。総合的な学習の時間が2000年から実施されたので、取材を行ったのは今から10年程前だったと記憶している。

　この評価方法から見えてきた学生の様子については、事項「結果」の中で述べることとする。

Ⅴ　結果

　2013年度後期に開講した「東邦プロジェクトⅠ」における学生のゴールは計画

立案で終わっており、実践は 2014 年度前期の「東邦プロジェクトⅢ」で行われる。つまり、この科目はまだ前半戦が終了した段階であり、詳細な総括は「東邦プロジェクトⅣ」の終了を以て行うことにしているが、ここでは、「段階的 PBL」の前半が終わった時点の結果を振り返っておきたい。

　まず、授業内容についてだが、最初にシラバスを作成してから、実際の授業を行う際に、シラバスを変更したことは正解だった。しかし、予想以上に時間がかかった。履修者の姿でも触れた通り、プロジェクト活動を行う上での基本を説明し、演習形式で取り組ませることに相当の時間を費やした。それにより、説明と指導に時間を割かれ、学生自身は一通り演習を行うところまでが精一杯で、修正、理解を深めるまでに至らなかった。授業外に自習として取り組むことが極めて少なかったからである。この点は、活動の都度、個人あるいは、グループ単位に指導を行うことで補っていった。

　学部合同と言うことで、フィールドワークの基本であるインタビューの実践を兼ね、相互インタビューを行い、自己紹介冊子の作成を行うこととした。最初に行う仮のグループ編成については非常に悩んだ。こちらでできる限り、知らない者同士、異なる学部でグループ分けする方法もあったが、自主性を尊重してみようと思い、学生に任せた。結果、ほぼ同じ学部のメンバーとなり、仮のグループは 6 グループになった。

　社会で起こっている出来事に対し、新聞や、Web から「気になること」というレベルでまずはとにかくたくさん洗い出しをさせた。非常に多くの出来事が挙がった。また、「新聞を普段あまり読まないが、読んでみるとおもしろい」「気になる出来事なんてないと思っていたが、たくさん出てきた」という前向きな意見がポートフォリオに書かれていた。次に、「気になること」を「自分たちで何かできるかどうか」という観点で分類整理させた。これら仮のグループでの活動を通して、テーマを 4 つに絞り、再度、グループ分けを行った。その際には、自分がやってみたいグループ「まちの防犯」「食糧廃棄問題」「ゴミ 0（ゼロ）運動」「未成年の深夜徘徊」の 4 テーマである。

　自分たちでテーマ（課題）設定を行うところまではまずまずのペースで進んだ。しかし、自分たちで設定したテーマに対し、少しでも改善するためのアイディアを出すため、まず情報収集を行う時点でグループの動きは非常に緩慢になった。つまり、仮のグループで活動した場合は、教員である筆者からの明確なゴール設定が

毎回なされており、学生も何をすればよいかは明確であったからである。「まちをちょっとでも元気に」という大きなゴールと4つのテーマから具体的に自分たちは何ができるかを考える段階になると、何から行えばよいか戸惑ってしまったのである。戸惑ったとも言えるし、「よくしたい」「人やまちの役に立ちたい」という気持ちを持ちにくかったのだろう。

　仕掛けは用意したつもりであったが、十分に機能しなかった。仕掛けは、第1回のオリエンテーションの際に、「役に立ちたい」「自分たちで動いてそれにより変わるとおもしろい」という気持ちを感じてもらえるように「ガイアの夜明け『町が…村が…自ら稼ぐ！地方再生！驚きの最新手法』」（テレビ東京、2013年9月14日放送）を3つの視点（町や村の活性化、ビジネスチャンスの見つけ方、取り組む人たちの姿勢）を与えて見てもらった。見た時点では生き生きとしたコメントを書いていたが、自分たちに照らし合わせるとなると難しかったのであろう。先にも述べたが、第1回は教室の掲載ミスなどもあり、最後まで活動した者の中で第1回に参加した者が10名と半数以下であったことも影響していると考えられる。

　活動計画を立てる上でのヒントをこちらから用意することになり、少しずつ少しずつ動いていくという次第であった。「次どうするの？」授業も中盤に差し掛かった頃、ひとりの学生のこの発言に筆者は「この授業は自分たちで見つけた課題を自分たちで解決する方法を見つける授業だと何度言ったら分かるんだ」それに対し、「でも、こういう授業受けたことないから、どうしていいか分からん」という学生のつぶやきについ声を荒げてしまったことを後悔した。「これぐらい知っておいて欲しい」「分かって欲しい」「前にも言ったのだから」と言うのは簡単であるが、学生たちに、自分たちで、できることを考え、行動する中で学び、自信を持たせる場であるべきだったはずである。すぐに、グループごとにヒントを与え、活動ができるように指導を続けていった。

　学生の様子を振り返り、ポートフォリオにあらためて目を通すと、このことを境に、学生の多くが筆者の考えていることを理解してくれたように思う。正直、この後も声を荒げることは何度かあったが、自分たちが何をすればよいか、自分たちで気づき、何とかしようという姿勢が目立ってきた。

　テーマに対する解決・改善のための企画立案を行い、企画書を完成させることがこの授業でのゴールであったが、実践を伴わず、授業という閉鎖的な空間であったため、企画書の精度をより上げようという姿勢が弱かった。一通りのことを書いて

完成という雰囲気になっていた。その様な時に、全学的に取り組んでいた「地域と連携する教育」に手を挙げた演習合同の発表会が設定されたのである。学内の第三者ではあるが、授業担当教員と学生以外の第三者の存在を借りて学生をより高いレベルの企画書にブラッシュアップし、プレゼンさせることができた。

企画書の作成までという第1段階の授業において、授業プログラムの考え方である「段階的」という仮説は、必要なものであったが、その仕掛けについてはまだまだ検討の余地が残る。出来上がった企画書はまだまだ粗く、見直すべき点が多い。

また、評価については「6. 評価方法」で述べた通り行った。24名の履修者ということでポートフォリオだけでなく、個別の活動状況を毎回把握することができ、適性に評価できたと考えている。相互評価に関しては、結論としては、機能しなかった。テスト実施や事前調査程度で実行が伴わず、計画で終わったことなどから、「自分たちがやり遂げた」「役割を果たせた」という気持ちに至った学生は多くはない。そのような状況もあってか、同じグループの人間を的確に評価できたとは言えない評価表がほとんどであった。グループをつくる際に、自主性に任せた結果、友人・知人関係が集まったこともあり客観的な評価はしにくかったということも考えられる。教員から見て、客観的な評価ができている学生は、メンバー内に元々の友人・知人が少なかった者を中心に数名であった。そこで、今回は、相互評価は成績に取り入れなかった。

しかし、相互評価が無意味だったかというと決してそうではない。グループメンバーの果たした役割を小さなことでも拾い上げ、書き出していた。また、相互評価には、他のメンバーと同様に自分の評価も同様に記入するようになっており、相対的に自分がグループの中でどうであったかを振り返ることにもなった。

ポートフォリオに記入させた社会人力の伸び代は図9-2の通りであった。

平均値で見ると、全ての項目で自己評価が上がっていることが分かる。特に、「計画力」「実行力」「状況把握力」「課題発見・解決力」の伸びが大きい。自己評価故に、客観性には欠ける点もあるが、個々の評価を見ていくと、行動と重なる点も多く見られ、振り返りを行う際に数値化することは意味があると感じている。

しかし、先に述べた相互評価同様、この様に、学生自身が行ったものを成績評価に取り入れる際には、客観性という点では課題が多い。社会人力はルーブリックの形式になってはいるが、絶対値というものが見える形で存在している訳ではない。また、社会人力の様な力は、他者との相対的な関係の中で発揮する状況が大きく異

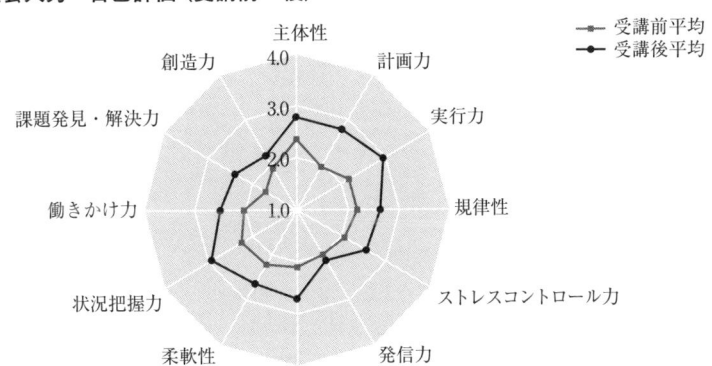

図9-2　社会人力　自己評価（受講前・後）

　　　　　　　　　　　　　　　　　　　　　→ 受講前平均
　　　　　　　　　　　　　　　　　　　　　● 受講後平均

なってくるものでもある。

　講義中心の科目は、知識の習得・理解を客観的に問うことができるが、PBLをはじめとしたアクティブ・ラーニングの場合の成績および、到達度評価をどのように行うか。大学において、実施がかなり普及し、評価の在り方は次の課題となっている所である。

Ⅵ　今後に向けて

　段階的PBLプログラムの構築に着手して、半年経過し、1科目を実施した時点で、あらためて今後に向けての課題を整理すると以下となる。

　1点目は、段階的といっても、どの高さでステップを設定するかは、学生の状況によるという点である。また、完全に個別指導を行うことは困難であるため、コア層をどう設定するか、到達点をどう客観化するか、その上で、どのような手法を採るかという点で、再検討が必要である。

　また、主体性を持たせる上で、今回取ったアプローチは却って、ハードルを高くしてしまったとも言える。つまり、ゴール設定を学生に委ねたことが本当に良かったのかという点である。この辺りは、本誌でも報告されているが、ゴール設定を最初に教員や外部から提示された取り組みとの比較などから今後検討していきたい。

　そして、カリキュラムの編成上次のステップに相当する「東邦プロジェクトⅢ」は、年度をまたぎ、選択科目であることから同一履修者にすることができなかった

点である。次年度の前期履修者は同じメンバーではない点も一連のプログラムとしては、学生の変化を追うことができるかどうか不確定である。

　課題も多く挙がったが、今回学生が作成した企画書を元に、次の学生たちが実行していく。その結果を以て、段階的PBLという考えに基づく授業の成果を改めて、分析していきたいと思う。

【注】
(1) 大規模な講演会を開催しているアメリカの団体名。TEDTalksというプロジェクトでネット無料動画配信を行っている。近年、教育ツールとしても注目を浴びている。
(2) 愛知東邦大学（2011、2012）「平成22年度 文部科学省 大学生の就業力育成支援事業報告書『地域連携PBLを核とした就業力の育成』」、「平成23年度 文部科学省 大学生の就業力育成支援事業報告書『地域連携PBLを核とした就業力の育成』」。
(3) 第5章Ⅱ-3で述べた大学独自の評価指標。具体的な項目は第5章Ⅱ-3表5-1参照。

【引用・参考文献および参照URL】
・京都高等教育研究センター・高等教育実態研究プロジェクト（2011）「PBL導入の手引き」大学コンソーシアム京都
・トム・マーカム、ジョン・ラーマー、ジェーソン・ラビッツ（2013）『プロジェクト実践教育ハンドブック第2版』（脇野真一、中山慶一、大森洋明訳）、NPO法人PMI
・ロナルド・J・ニューエル（2004）『学びの情熱を呼び覚ます――プロジェクト・ベース学習』（上杉賢士／市川洋子監訳）、学事出版
・鈴木敏恵（2012）『課題解決力と論理的思考が身につく――プロジェクト学習の基本と手法』教育出版
・愛知東邦大学学修支援センター（2014）「2011-2012年度 パイロットPBL実施報告書」学内報告書
・愛知東邦大学（2013）「2013シラバス経営学部 地域ビジネス学科」、「2013シラバス人間学部 人間健康学科 子ども発達学科」
・教育再生実行会議（2013）「これからの大学教育等の在り方について（第3次提言）」
・柳沢富夫（2013）「PBLの歴史の確認」
　http://www.pmai.or.jp/2-PBL.History.pdf（2013年12月1日参照）
・柳沢富夫「PBLの歴史」
・トニー・ワーグナー（2012）「遊びから情熱 そして目的へ」日本語TED
　http://www.ted-ja.com/2013/04/tedxnyed-april-28-2012-tony-wag.html（2014年3月20日参照）

第3部
地域と連携した人材育成から学ぶ

　第2部において論じてきたように、大学における学生の就業力育成は、文部科学省「大学生の就業力育成支援事業」後も、各大学で全学共通カリキュラムや、アクティブ・ラーニングを取り入れた科目等を通じて継続的あるいは新たな展開が見られる。FDフォーラム・シンポジウム・研究会といった形式での事例の共有や、書籍や論文としての発表を見る限り、それらの展開は今後の高等教育のスタンダードとして定着しつつあるといえよう。第3部では、各地域の高等教育機関における取り組みを中心に紹介・比較検討するため、愛知東邦大学における取り組みに加え、各地域で実際に各種の取り組みを推進している方々に執筆いただいた。

第10章 地域と連携した活動の現実的課題
―― 名東区魅力マップ作りに取り組んで

宮本 佳範

はじめに

　大学の教育改革が叫ばれるなか、学生の主体的な学びをうながすアクティブ・ラーニングが注目されている。アクティブ・ラーニングは「『能動的な学習』のことで、授業者が一方的に知識伝達をする講義スタイルではなく、課題研究やPBL (Project/Problem Based Learning)、ディスカッション、プレゼンテーション等学生の能動的な学習を取り込んだ授業を総称する用語」である（谷口・友野、2011）。アクティブ・ラーニングの中でも、PBLは既に大学教育に広く取り入れられ、数多くの実践報告や論文が発表されている。特に、地域の商店街活性化に取り組む、企業とコラボレーションして商品を開発する、といった地域の企業やNPOなどと連携した活動（以下、「地域と連携した活動」という）は、話題性もあり、大学のWebページなどでその大学がいかにそれらの活動を実施しているかをアピールしている例も多く見られる。

　地域と連携した活動は、学生にとって座学とは異なる「特別な経験」になるだろう。しかし、その経験がその学部、学科の学びに対してどのような意義があるのか非常に曖昧な実践例も散見される。漠然と「良い経験になるだろう」「成長につながるだろう」ではなく、学部、学科の教育目標に対してある程度コントロールされた経験を与えるものでなければ、結果として学生が成長したとしても大学として実施する「教育」とは言えないのではないだろうか。ボランティアなどの機会が無い学生にそれに準ずる機会を提供した、漠然と良い経験になるだろうというだけでは（それ自体に意味が無いわけではないが）、"正課内"で行うべき教育とは言い難い。

　地域と連携した活動は、外見的には活き活きと感じられ、非常によい経験をさせているように見える。プロジェクトの報告書や発表、新聞記事などを見ると、「主体性」や「コミュニケーション力」を身につけたという学生の声や、連携先の言葉

として「学生の斬新な発想に刺激を受けた」「学生の積極的に取り組む姿に驚かされた」という感想を見かける。しかし、そのプロジェクトを指導した方に話を聞けば、学生の積極性の無さ、いいかげんさ、実際には報告書の内容ほどうまくいっていなかったという話をよく耳にする。では、まじめに取り組まなかった学生にとってもその活動は意義があるものだっただろうか。どんな取り組み方であったとしても、その経験が与える影響がゼロとは言い難い。また、まじめに取り組まなかった学生であっても「良い経験になった」「少しは成長した」という感想くらいは述べる。そういった学生の言葉をうまくくみ取って「成長した」と評価し、その取り組みを肯定的に評価した実践報告を書くことは簡単である。また、対外的にそういった報告をしなければならない場合もある。さらに、努力した一部の学生や連携先に対する配慮、苦労して指導した教員自身の満足感などから、プラスに評価したくなる感情も働くだろう。しかし、そういった気持から、若干の問題点は掲げつつも、漠然と「良い取り組みだった」と評価していては、地域と連携した活動をより教育効果の高いものへと進めていくことはできない。

　外見的には"アクティブ"で良い教育方法のように感じられる活動も、教育目標と効果を明確にしたうえで計画され、かつそれが学生の実態にあった活動でなければ、本当の意味で効果的な教育にはならないだろう。より意義のある活動に発展させていくためには、取り組んだ内容、学生の取り組み状況等を等身大で評価し、その意義を真摯に問い、問題点を洗い出していく必要がある。そこで、本章では決して模範例とはいえない筆者自身の取り組み事例を踏まえつつ、大学として地域と連携した活動を正課内の教育として実施することの現実的課題について考察していきたい。

I　PBLについての私見

　現在様々な高等教育の領域で行われているPBLは、もともと医学等の分野の専門教育の方法として生まれたものであり、それは、専門分野の学習で身につけた知識を現場で総合的に活かせるようになるための実践的な学びの方法である。また、PBLに取り組む中で関連した専門的知識を習得する、これから専門分野を学ぶ上で重要な視点などに気づかせる、という意味でも有効な方法である。いずれにしても、専門教育としての学ぶべき内容とのつながりが重要である。また、汎用的

能力やジェネリックスキルの育成につながることも PBL に期待されている。しかし、鈴木（2012）が言うように、プロジェクトのプロセスで情報収集や分析、プレゼンテーションのスキルの習得も果たすが、スキルの習得がプロジェクト学習の本来のねらいではない。溝上（2011）はアクティブ・ラーニングに求められるものは「学問知」を用いて考え、議論するという汎用的技能の育成であり、キャリア教育の中で社会人基礎力を育成することとの違いを強調している。しかし、その違いの意味にあまり注意がはらわれることなく、何となく社会で役立つような力の育成がPBL の直接的な目的・効果として語られている感がある。そして、知識（学問知）の活用、専門教育における必要性からではなく、学外の企業や地域のグループと連携する機会があるから"良い経験になるだろう"ととりあえずやった、というような例が散見されるのである。

　例えば、よく行われている企業とコラボした商品づくりなどの取り組みでも、実際どの程度専門教育で得た知識の活用が意図されているか疑問に感じることがある。机上の学びでは知ることができない商品企画の実際を体験的に学んだ、ということは簡単である。そして、商品として店に置かれ、さらに新聞で報じられれば、取り組んだ学生は（そして教員も）良い経験になったと感じるだろう。しかし、多くの場合企業側にも学生と連携する意味があり、そこには本当のビジネスとしての商品作りとは異なる論理が流れている。だからこそ 1 年間の取り組みであれば、基本的に 1 年間で商品になる。学生のつたないアイデアであっても、商品づくりのプロたちは商品化してくれる。本当に売れる商品を作ることではなく、学生と商品を作ることが目的だからである。そういった論理のなかで行った商品企画で、はたしてどこまで商品企画の実際を学んだといえるのだろうか。もちろん、事前にマーケティングや商品企画に関わる科目を学ぶことと組み合わせて、当該商品企画の体験をそれらの学びと具体的に結び付くようにプログラムして行うのであれば、意味のある専門教育の PBL となるだろうが、そうなっていない例も多いのが現状なのである。こういった、PBL（若しくはアクティブ・ラーニング）が専門知識の活用に向けて設計されていないことについてはこれまでも問題視されてきた（例えば、友野〔2013〕など）。

　一方で、日本では、経済産業省による「社会人基礎力」養成の提言を受け、PBLがそうした能力養成に応えるひとつの教育法として注目され、「社会人基礎力」の育成をめざすために PBL を導入する大学が増えてきたという（榎本・織田・児島、

2009)。経済産業省のいう社会人基礎力は「前に踏み出す力」「考え抜く力」「チームで働く力」の3つの能力（12の能力要素）から構成された「職場や地域社会で多様な人々と仕事をしていくために必要な基礎的な力」であり、いわゆるジェネリックスキルのひとつといえよう。ジェネリックスキルの育成は、社会からの要請に限らず、コンピューターリテラシーや語学などの授業と同様に、専門教育を支えるスキルとしても必要である。実際、専門教育の方法として生まれたPBLであるが、現在では1、2年生を対象にした基礎科目や総合科目などのなかでプロジェクトに取り組ませる大学も多い。例えば、三重大学では、『「4つの力」スタートアップセミナー』として「考える力」「コミュニケーション力」「感じる力」「生きる力」などの育成を目指し、そのなかにプロジェクトを取り入れ、成果をあげている（中山ほか、2010）。山口大学においても、「高学年次で学習する専門的知識を実践の場で展開・活用するための『普遍的基礎能力』の育成と意識付けに目的を絞って」産学連携PBLを行っている。こういった事例をみると、地域と連携した活動はジェネリックスキルを伸ばすために有効だとわかる。PBLのもともとの発祥はともかく、ジェネリックスキルの育成を目的としたPBLを行うこと自体は意義のあることだと考えている。

　筆者が問題に感じているのは、専門科目の授業内で行うPBLにおいて、ジェネリックスキルの育成のみが目標として掲げられ、ジェネリックスキルの育成のみで評価されているような場合である。もちろん、専門科目で行ったPBLでもジェネリックスキルは伸びるだろう。また、筆者自身、専門科目の講義やゼミであっても専門的知識を身につけさせることだけではなく、ジェネリックスキルを伸ばすことも意識している。しかし、専門科目にはあくまで専門教育としての目的があり、専門教育を通してジェネリックスキルが身に付くことはあくまで"意図された副次的効果"だと考えている。したがって、専門教育としての位置付けが曖昧なまま実施され、その結果、漠然とジェネリックスキルが伸びたという観点からのみ評価されることには強い疑問を感じるのである。「専門科目としてのPBL」か「スキル科目等としてのPBL」か明確にして、当該PBLがその教育目標に向けた教育方法として適切であるかを吟味したうえで実施し、その観点から評価されなければ、教育としてコントロールされた活動とは言えないだろう。

　地域と連携した活動は、学生の活動が活発そうに見え、かつ特色のある活動であるがゆえに良い経験になるというイメージが先行し、具体的な教育目標や効果が不

明瞭なまま推奨されている感がある。それは"地域と連携した活動に対する漠然とした意義・効果信仰"といえるかもしれない。漠然とした効果を期待するのではなく、しっかりとした教育上の位置づけで実施し、努力した一部の学生の印象や対外的な成果発表等から評価してしまうのではなく、しっかり現実の取り組み状況を見つめ、教育上の効果や問題点、改善策について検討していく必要がある。以上のような観点から、筆者の取り組み事例について具体的に考えてみたい。

Ⅱ 本プロジェクトについて
1 プロジェクトの始まりと位置づけ

筆者の所属する愛知東邦大学では、「地域連携PBLを核とした就業力の育成」が2010年度文部科学省「大学生の就業力育成支援事業」に採択され、地域と連携したPBLを推進している。筆者自身も社会学という学問の性質もあり、学生を積極的に外に出して学ばせたいと考えていた。そんな時、大学のある名古屋市の名東区役所から大学に、区役所と連携して名東区の魅力を発信するマップ作りをしようという話があった。筆者は観光関連科目を担当しており、本プロジェクトは観光に関連する部分もあるだろうと考え、ゼミ（専門演習）で取り組むことにしたのである。

本プロジェクトを行うにあたり、大学の推進する地域連携PBLの一環として実施する選択肢があったが、地域連携PBLという位置づけでは実施しなかった。その理由は、元々計画されていた活動ではないこともあり、専門分野の教育目標に向けた教育方法として本プロジェクトを明確に位置づけることができていなかったからである。観光を学ぶゼミということで取り組むことにしたものの、ゼミ生に観光ビジネスコースの学生は少なく、学んだ知識の活用を目指すPBLとして位置づけることは困難であった。それ以前に、厳密に言えば事前事後に本プロジェクトの内容に直接つながる講義が行われているわけでもない。

ではなぜゼミでやることにしたのか。本プロジェクトへの参加を決めた当時、筆者自身PBLという教育手法を詳しく学んでいたわけではない。ただ、漠然と観光に関係があるということに加え、外部（区役所）と連携することで緊張感が生まれ学生は責任感を持ってまじめに取り組むだろう、それはきっと学生を成長させる良い経験になるだろう、と教育的意義を十分に吟味せずに立候補したのである。これは、まさに前節で批判した、"地域と連携した活動に対する漠然とした意義・効果信仰"によるものだったといえよう。だからこそ、取り組む過程で教育上の意義、

効果等に疑問を感じ始め、それが本章を執筆する動機になったのである。

2　プロジェクトの概要

　今回のプロジェクトの目標は、名東区の魅力を伝える「名東区魅力マップ」の作成である。筆者のゼミに所属する3、4年生14名で2012年10月から2014年3月まで実施した。はじめに、どのようなマップにするか、ターゲットは誰にするかなど、他の区のマップ等を参考に区役所の方等を交え検討することからスタートした。さらにゼミ内で具体的に話し合い、区から魅力スポットの候補リストをいただいたうえで、それらを学生が取材し、掲載物件を絞り、学生目線でのコメントや写真を載せたマップにすることになった。

　まずは、名東区北西部で試験的に実施した。その結果を踏まえ、取材方法の改善点を話し合った。区の担当者からもいくつか注意点が出されたものの、基本的に同じやり方で引き続き取材を進めていくことになった。そして、夏期休暇に全員で分担して取材を行った。取材件数は合計で約170件にのぼった。また、デザイン・レイアウト班を結成し、マップのデザイン案を考えていった。11月にゼミ内で取材結果を発表し合い、掲載候補を絞り、それぞれのコメントに対して意見を出し合い、後日デザイン案とともに区の担当者の前で発表した。その後、区役所の内部で検討していただいた結果を踏まえ若干追加取材を行い一連の学生の取材を終えた。

　コメントやデザインについては、区の発行物となることから区役所の方で細部にわたりチェックしていただき、必要な修正を加えたうえで、区の方で業者に発注し完成に至った。そして、2014年3月に、本学教職員、区役所の方々を前に名東区魅力マップ完成発表会を実施するとともに完成したマップを配布した。また、市のホームページ上で印刷して使用できるような形で公開された。後日、ゼミ内で振り返りを行い、プロジェクトを終えた。

Ⅲ　取り組み全体から感じられたこと

　今回のプロジェクトは、何とかマップの完成にこぎつけることができた。完成発表会では区役所の方から厳しいご指摘も受けたものの、発表会後のアンケートでは、全員から「本プロジェクトに取り組んだことは学生にとって教育的意義があった」と評価していただいた（「非常にそう思う」「ややそう思う」の合計）。また、新聞

にも掲載され、外見的には成功だったかもしれない。しかし、実際にはそれほど教育活動としてうまくいっていたわけではない。筆者としても、一応完成したということに加え、実際に努力した一部の学生の様子や、良い経験になったという学生の声から、プラスに評価したい気持ちはある。学びの場でなければ商品企画でもイベント企画でも、無事に商品化でき、イベントが実施されれば、過程はともかく、それは成功として評価できるかもしれない。しかし、教育ではプロジェクトに取り組む過程が重要である。今後のためにも、活動する中で感じた問題点を率直に振り返り、飾ることなく述べておく。

1 「外部の者が関わる→緊張感・責任感を持ってまじめに取り組む」という期待について

「外部の者が関わる→緊張感・責任感を持ってまじめに取り組む」というのは、学外との連携に期待する効果のひとつであろう。筆者自身の学生時代を振り返っても、学外の方と関わる活動をするときは、たとえそれがやりたい活動でなくとも「迷惑をかけてはいけない」という意識から、当たり前のように緊張感・責任感を持って取り組んでいた。しかし、今回の取り組みでは、区役所の方が関わっているにもかかわらず、学生に緊張感・責任感の無さが目立った。マップの制作期限等から逆算して取材期限を設定しても、自らスケジュールを立てて期限を守ろうという意識はほとんどなく、催促しても焦る気配すら無い学生も多い。また、催促されて取材に出向いた学生も、撮った写真が製品に使われる可能性があるにもかかわらず、あまりに暗い写真や、どうみても被写体が傾いたものを提出してくる。さらに一言コメントについても、全体として熟慮したとはいえないコメントが散見された。プロのような写真、コピーライターのようなコメントを期待しているわけではないとはいえ、「少しでも良いものにしよう」と責任感を持ってやれば、もう少し違った結果だっただろう。結局、やらないと単位が出ないから形式的に作業をこなしただけの人が多く、まじめに責任感をもって取り組んだ者は圧倒的に少数であった。今回のプロジェクトでは「外部の者が関わる→緊張感・責任感を持ってまじめに取り組む」という効果は残念ながらほとんど無く、このような態度で臨んでいては教育的に意味がある活動であったとは言い難い。

2 対外的な発表やプロにより完成された製品が与える印象と実態の乖離

完成発表会は、区役所の方々、学長や理事長、他の教職員を前に、プロジェクト

の概要について報告するとともに完成した「名東区魅力マップ」を配布し、取り組んだ感想や反省点を述べる内容であった。発表を任せた学生は最も頼りになる学生であり、緊張しつつも、しっかり発表をこなしてくれた。完成したマップも十分に一般の人に配布するに足る出来栄えであった。発表会の最後に区役所の方から厳しい講評があったが、それでも既に示したとおり全員から「本プロジェクトに取り組んだことは学生にとって教育的意義があった」と評価していただき、また87.5％の方から「大学生のゼミ活動として良い取り組みをしている」、約68.8％の人から「がんばって取り組む学生の姿を感じた」との評価を得た（共に「非常に感じた」「やや感じた」の合計）。また、後日マップを手に取った複数の先生方からも「よい活動をしていますね」との声をいただいている。こういった評価は、指導してきた私からみれば学生の取り組み状況の実態と大きくかけ離れた評価なのである。

　完成発表会は、反省点にも言及しているとはいえ、基本的には対外的に「成果」を発表する場でありマイナス面をあえて前面に出してはいない。また、その必要もなく、むしろある程度体裁を繕うのが通常であろう。これは、多くの対外的「発表」の場ではよくあることであり、また論文や報告書として発表する場合であってもプラスの印象を与える形でまとめることはできる。発表会当日は、発表者を含め14名中比較的真面目な4名しか来ておらず、少なくとも当日来ていた学生からは不真面目な印象は受けなかったであろう。

　また、完成したマップは言うまでも無いが学生のみで完成させたわけではない。区としての正式な発行物になる以上、学生の出したアイデアに対して区の目線で大幅な修正等を行っている。区役所の修正およびプロの業者を経て形になった完成品は、内容、デザインなど全てにおいて学生が出した状態をはるかに超える仕上がりになっている。それは、学生たちにとってプロの仕事との違い、自分たちの仕事の甘さを知る良い機会になるだろう。しかし、制作過程には関わらずに発表会のみ参加した者や、後日マップを手にした者にとってはどうだろうか。取り組み態度に問題があったとしても、最終的にはこのような成果物を完成させるに至ったということから、本プロジェクトに対してある程度プラスの印象を与えるだろう。それは前述のアンケート結果などからも見てとれる。

　いずれにしても、「発表」の場で受ける印象や、プロの手で製品化された成果物が与える印象は、取り組みの実態と必ずしも一致するものではない。対外的に行われた発表や成果物を見て、「良い取り組み」と評価してしまうと、それは実態と乖

離した過大評価となるおそれがある。特に、対外的発表や製品が与える印象とプロジェクトの教育的に意義は別物であることはしっかりと認識する必要があるだろう。

3　外部との連携における「教育重視」の難しさ

　PBLではゴールを目指すことも重要であるが、教育的には結果よりも過程が重要である。学生の取り組み状況によっては教育的見地からゴールをあきらめることが必要な場合もあるだろう。しかし、外部と連携したプロジェクトの場合、連携先に対する大学側の責任もありゴールは必達目標となる。それが学生が真剣に取り組まざるをえない状況を生み、よい効果につながる面もある。しかし、学生がまじめに取り組まなかった場合もとりあえずゴールへの到達を優先させることになる。つまり対外的責任を果たすことが目的になり、本来の教育が二の次になってしまいがちなのである。今回のプロジェクトでも、外部との連携でなければ、教育的意味でマップの完成をあきらめ、取り組み態度を学生とじっくり話し合い、反省するという選択をしただろう。しかし、筆者自身の期限内に完成させねばならないという責任感から、途中からは教育的指導よりも対外的に責任を果たすためにとりあえず完成させることを優先させてしまっていた。外部と連携したPBLは、うまくいけば学生の本気を引き出すきっかけになる半面、学生の参加態度によっては教育的意味のない形骸化した活動になってしまう恐れがある。外部と連携した教育を導入するにあたっては、そのことを十分認識し、背伸びをすることなくその適切性を判断する必要がある。

4　「大学生ならではの発想」への期待について

　企業やNPOなどが大学生と連携しようとする場合、「若者の斬新な発想」「大学生ならではの発想」がよく期待される。今回のプロジェクトも「若者目線」が当初からのキーワードであった。しかし、それを強く感じさせるマップにはならなかった。実際に訪問してみたものの正直若者目線で斬新なコメントをすることが難しいスポットも多く、むしろ、その地域に長く住む住民の方が斬新なコメントを作れただろうと思う場所も少なくない。また、若者らしいコメントは逆に公の発行物として不適切だと判断されたものもある。筆者自身もこの活動を引き受けた当初は「若者目線」というコンセプトを疑問に感じずに受け入れていたが、実際に活動してい

くなかで「若者目線」に対する期待が過剰であったということに気づくようになった。それは彼ら学生の責任ではない。

　同じことは企業とのコラボ商品企画の場合でもいえるだろう。実際に大学生とのコラボで発売された商品などを見ても、それが「大学生ならではの発想」と言えるかは疑問なものも多い。結果として「大学生ならではの発想」が生まれる場合もあるだろうが、初めから大学生ならきっと斬新な発想が出るに違いないと考えるのは過剰な期待ではないだろうか。また、「大学生ならではの発想」が出やすいかどうかは、大学の違い、メンバーの個性によっても異なるだろう。いずれにしても本来そのプロジェクトの教育目標と、「大学生ならではの発想」を活かすこととは別の問題である。「大学生ならではの発想」が出なくとも、教育として当該プロジェクトが意義あるものとなるよう計画されている必要がある。

Ⅳ　学生の能動性や責任感と教員の役割に関する考察

　アクティブ・ラーニングの「学生の能動的な学習」という意味からいえば、一方的な講義であっても学生が能動的に講義に耳を傾ければアクティブ・ラーニングになる。では、能動的ではなく、やる気も無いまま受動的に参加する PBL はアクティブ・ラーニングといえるのだろうか。教育改善を考えるときに、学生の学ぶ意欲にどう応えるかといった議論がされるが、学ぶ意欲の無い学生の多さを真摯に考えなければほんとうの教育改善はできない。榎本・織田・児島（2009）は、「PBLでは学生にはプロジェクトでの学習に対する主体性と自律性、積極性を期待し、あらかじめ前提としてもいる」と述べ、昨今の学生気質を見る限り、ここに大きな問題が存在すると指摘する。その前提を欠く学生に、専門的能力やジェネリックスキルを成長させるような PBL を実施しても、その教育効果を十分に活かすことはできない。

　今回のプロジェクトでも学生の取り組み態度が一番の問題であった。なぜ彼らは能動的に、責任感を持って取り組まないのだろうか。今回まじめに取り組まなかった学生たちが、何事にも責任を持って行動することができない人間かといえば、そうではない。アルバイトなどではしっかり責任をもってやっているという。学生の話を聴くと、外部の人が関わっているかどうかに関わらず、いかにゼミ活動としてのプロジェクトを責任持って主体的に取り組む場として位置づけていないかが伝

わってくる。アルバイトやサークル、ボランティア活動などの学生が自主的にやっている活動などと異なり、あくまでゼミは授業、そして授業は教員が仕切るものであり、教員に任せておけばなんとかなる、といった感覚が、彼らの発言の節々から感じられるのである。極端にいえば、アルバイトは「お金をもらう＝仕事＝責任がある」と捉え、ゼミに限らず大学の授業は「学費を払う＝サービスの受け手＝無責任でよい」という認識なのである（もちろん全員がそういうわけではないが）。

　そのような学生を能動的に、責任を持って取り組ませるにはどうしたらよいだろうか。ひとつは、何をやるかをはじめから学生に決めさせるなど、学生が興味を持つ活動を行う方法が考えられる。しかし、学外と連携した活動の場合、必ずしも学生が望む活動を行う連携相手を見つけられるわけではない。また、それが当該授業の教育目標に対して意味のある活動とも限らない。何でもやらせればいいというわけではない。また、「楽しく」活動させることを重視するあまり、社会の厳しさとは程遠い雰囲気で行っているような例もある。やりたいこと、楽しいことでなければ主体的にまじめに取り組まないという姿勢では、社会に出て通用しない。したがって、学生が興味を持つ楽しい活動を提供することで解決することは疑問であり、「やりたくないが、やるべきこと」をしっかりと任せることができる人材を育成することが重要だと考える。

　そして、「やりたくないが、やるべきこと」にまじめに取り組ませるためには、指導者のファシリテーション能力が重要だろう。筆者自身、教員のファシリテーション能力の向上がPBLを成功に導く要素のひとつだと考えている。今回も筆者に高度なファシリテーション能力があれば、彼らをもう少しやる気にさせることができた可能性は十分ある。実施した活動を教員側が振り返る場合、自らのファシリテーション能力の向上を課題として掲げる場合は多い。しかし、本当に教員側のファシリテーション能力ひとつで学生が「やりたくないが、やるべきこと」に能動的かつ責任をもって取り組むようにできるだろうか。

　大学入学前までの教育課程において、「やりたくないが、やるべきこと」の代表は各教科の勉強である。一部の生徒を除き、いわゆる有名大学に合格した学生であっても勉強が楽しかったかといえば、必ずしもそうではないだろう。ただ、彼らは少なくとも「やりたくないが、やるべきこと」である勉強をまじめにやってきたのである。大学全入時代の選抜性の低い大学の場合、部活動に本気で取り組んできた一部の学生を除けば、これまで「やりたくないが、やるべきこと」である勉強を

極力避けてきた、まじめに取り組まなかった学生が一定数を占めている。では、中学校や高等学校の先生たちはまじめにやらない生徒を野放しにしていたのだろうか。きっとそうではなく、いかに指導したら生徒が頑張ってまじめに取り組むか議論し、試行錯誤してきたことだろう。それを、一部の例外的成功例はあるとしても、大学で教員がファシリテーション能力を向上させれば「できる」と単純に考えるのは、高校までの教員の努力と結果を踏まえない一種の理想論ではないだろうか。

　もちろん大学教育の内容は高校までとは異なる。高校までの授業には興味を持てなかった者が大学で学ぶことに目覚める場合もあるだろうし、机上の勉強よりも外に出て行う活動の方が好きな学生もいるだろう。地域と連携したPBLは、そういう学生が学びに目覚め、積極的に活動するきっかけとなる可能性を十分秘めている。「やりたいこと」を見つけ、それについて主体的に学ぶようになるというのは意義のある成果である。しかし、それは「やりたくないが、やるべきこと」にいかにまじめに取り組ませるか、という論点とは異なる。興味を持たせることができるかとは切り離して、たとえ興味を持てなかったとしてもその活動が学部、学科等の教育目標に向けた活動として意味があるものとし、まじめに取り組ませなければいけないのである。

　以上のことから、PBLのなかでも特に対外的な責任も生じる地域と連携した活動を行う場合は、能動性や責任感、まじめさは、活動を通して身につけさせるものではなく、榎本・織田・児島（2009）がいうように、活動を行ううえであらかじめ期待されている「前提」として必要なものだと考える。その前提を欠けば、その地域と連携した活動は結局「ただやっただけ」の活動になってしまい、対外的にプロジェクトを成功したように見えたとしても、教育効果は十分に発揮できないだろう。もちろん、教員のファシリテーション能力の必要性を軽視するわけではない。例えば、まじめにディスカッションに参加しようとしているのだけれど意見が言えない学生を導く、責任をもって発表しようとしているのだができない、意見を出し合いつつもうまくまとまらない、そういった学生たちをうまく導いていくためにはファシリテーション能力は重要である。つまり、主体的にやろう、協調してやろう、責任をもってやろう、という意識はあるものの、その実践の仕方、表現の仕方、行動の仕方などに慣れていない学生に気づきを与え、成長させる、専門的な学びに導くことなどが教員の中心的な役割ではないだろうか。

V 今後に向けて

以上のような状況を踏まえ、大学が社会と関わる学びを実践するうえで何が必要かを考えてみたい。

1 連携目的の明確化と共有

大学には世界のトップクラスの研究者、社会を担うエリート層を養成しようという大学もあれば、そうでない大学もある。大学のタイプによって、地域からの期待、地域における役割は異なり、それぞれの大学、学部の特性に合った連携の形がある。例えば、学生の専門的知識やクリエイティブな発想を活かし連携先に実際にプラスの効果を与えるような「成果重視の連携」もあれば、成果よりも教育の側面を重視し、地域の教育力を活かす（教育に地域の力を貸していただく）という「教育重視の連携」もある。もちろん、前者にも教育の効果はあるし、後者にも成果や目標を持って行うだろうが、実施する目的は異なってくる。どちらのタイプの連携を目指すかは、実施しようとする科目の目標、学生のタイプ、大学に期待される役割などを踏まえ、実態に沿って決める必要がある。そして、事前に大学と連携先との間で認識を共有しておくことが重要である。

大学には教育・研究だけではなく、地域貢献、社会貢献という使命もある。したがって大学として地域志向の活動を行う理由は、教育目的だけではなく、地域貢献のため、さらには大学のイメージアップ戦略としての意味もあるだろう。教育活動として地域や企業等と関わることが実際に地域貢献、先方の利益にもなれば理想的である。しかし、学生の実態、活動内容によっては両立は困難な場合もあり、「二兎を追う者一兎を得ず」となりかねない。大学として地域と連携した教育を推進する場合、正課内で行う教育目的の活動なのか地域貢献等を主目的とした活動（副次的に教育効果が期待されるものも含む）なのかを分けて考える必要があるだろう。そして、「教育重視の連携」の場合は、連携先に対してもしっかりと「教育」が目的であること、場合によってはゴールにたどり着かない可能性、学生の斬新な発想を期待しすぎないこと、その他学生の実態を説明し、理解を得ておくべきである。そのためには、連携先が見つかったからとりあえず連携するのではなく、教育目的に合った連携先を探す必要がある。

2　教育重視ならば「連携」や「地域」にこだわらず、幅広い教育活動を

　「連携」とは、「連絡を密に取り合って、一つの目的のために一緒に物事をすること」（大辞林、第三版）である。「連携」であるがゆえに期待できる教育効果がある半面、本章でこれまで指摘してきたような問題も生じてしまう。しかし、社会との関わりの中で行う教育活動は狭義の「連携」だけではない。例えば、特定の問題を調べる、聞き取り調査を行う、企業を見学して話を聴く、といった活動もよく行われている。学外からの参加者を募るタイプのイベントの企画なら必ずしも「連携」しなくても行うことができる。そういった活動も学生の知的な好奇心を刺激する初歩的な経験として意義があるだろう。

　もちろん、「連携」しないことにより、連携ならではの効果は薄らぐだろうが、逆に本章で紹介したような問題は生じにくく、かつ学生のタイプ、取り組み状況や教育的観点から方針を転換することも容易である。大学の状況によっても異なるだろうが、教育目的の場合は、「連携」や「地域」にこだわらず、学生の状況、学部の教育目標、専攻やコースの特徴を踏まえて、幅広い教育活動を取り入れていく必要があるだろう。

3　他の専門科目との関連性を明確に

　専門科目として地域と関わるPBLを行う場合、当該活動の学部学科の教育目標に対する位置づけ、他の専門科目との関連等を学生にもしっかり示す必要がある。結局、それができなければ専門科目として行ってもジェネリックスキルの伸長でしか評価できなくなってしまう。また、学生もその活動を行う意義が理解できなければ、モチベーションも上がらないだろう。

　筆者としては、教育実習のような形が手本になると考えている。実習を行う前に教職に関する様々な科目を学び、そのうえで実習を行う。教職を目指す学生にとって、実習を行う意義をまったく感じていない者はまずいないだろう。だからこそ、緊張感をもってまじめに取り組む。専門の学びのなかでの当該プロジェクトの位置づけが明確であれば、学生のモチベーションも上がり専門教育として効果が発揮される。むしろ、そういった位置づけをせずに行った活動は、専門教育としてのPBLとは言えないだろう。

4　組織的サポート

　実際に教育を担うのは教員個人だとしても、大学としての組織的サポートは不可欠である。例えば、教員個人のつながりのみで教育内容に適した連携先を見つけることは難しい部分があり、大学として連携先を見つけるような体制は不可欠である。しかし、教員の教育上のニーズや実施しようとするゼミ等の実情を踏まえず連携が先行することは避けねばならない。特に成果を求める連携ができる状況ではないのに連携が先行してしまうと、結果として連携先に迷惑をかけるだけでなく、教育的に形骸化した活動になってしまう恐れがある。当然だがゼミのメンバーは毎年異なり、プロジェクトが実施できそうなメンバーが集まる年もあれば、そうでない年もある。現実としてどのような活動が可能かをしっかりと担当教員と話し合ったうえで、その教育を実現できる連携先を見つけるほうが望ましいだろう。

　また、ジェネリックスキルの育成を目的にした取り組みの場合はもちろん、専門教育としてのPBLの場合も、特に地域と連携したPBLを行う場合は、ジェネリックスキルの育成を専門とする者のサポートが必要だと考える。専門科目では専門教育としての目的が第一であり、ジェネリックスキルの育成は"意図された副次的効果"だと述べた。ただし、ある程度そういったスキルが無ければ、プロジェクトがうまくいかず、連携先に迷惑をかけるだけでなく、教育効果も曖昧なままの「やっただけ」の活動になりかねない。大学教員は専門分野の教育を担う存在であり、必ずしも社会人力等を学生に身につけさせる指導者として優れているわけではない。そこで、そういった指導を専門とした者（キャリアセンターの職員など）と共同して指導し社会人にふさわしい態度を身につけさせつつプロジェクトを行わせることで、相乗効果として専門教育としての効果も高まるのではないだろうか。

5　他の学生の行動から学べる環境作り

　グループで話し合ってプロジェクトを進めていく経験が少ない学生の場合、学生主体で何をどう行動すればよいのかわからないという状況が見受けられる。言いかえれば、積極的に活動する学生のイメージが持てないのである。特に、地域と連携した活動の場合、教師―学生関係以外に外部者との関係が加わるため、それが顕著である。それゆえ、教員に依存していく。この状況は、ゼミ内に一人でも、積極的に活動するモデル学生がまじっているだけで大きく変わってくる。モデルとなる学生の行動を見ることで、グループでのプロジェクトの進め方、発言の仕方、学生同

士および学外の方との"間合い"なども含め、積極的に活動する学生のイメージがわきやすくなる。これは、教員が言葉で教えるよりも、同じ学生の姿から学ぶ方がより効果的である。ボランティアや生協学生委員、その他社会的な活動を行う学生団体の活動が盛んな大学であれば、ゼミに数人そういった学生がいる確率も高くなる。また、部活動をがんばっている者のなかにも、グループをうまくまとめる力のある者がいるだろう。

しかし、そういった学生が少ない場合、他大学で（もしくは大学という枠を超えて）社会的な活動を行っている団体等と交流する機会を持つことで、そういった学生の行動から学び、刺激を受けるという方法も有効かもしれない。そういった他の学生から学べる環境を作ることは、積極的に取り組みたいがどう行動してよいかイメージがつかめない学生の力を伸ばすためには必要だと考える。

6　課外活動を含め、やる気のある学生で実施できるように

選抜性の低い大学の場合、まじめな学生とそうでない学生の二極化が進んでいる。地域と連携した活動を進めるためには、当面はまじめで意欲ある学生だけを集めて実施することが現実的かつ効果的だと考える。もちろん、どんな者でもやれるように指導できれば良いが、理想論を追っていては二極化が進んだ現状には対応できない。少なくとも対外的な責任が生じる地域と連携したプロジェクトでやる気のない学生が多くを占めている状況のまま無理にプロジェクトを進めることは、結局は活動の形骸化につながり、まじめな学生を育てることもできなくなってしまう。

同じ意味から、プロジェクトの途中で学生自らメンバーから外れることができる道も残しておく方がよい場合もある。リタイアを認めることはプロジェクトそのものが成立しなくなるリスクもある。だからこそ、教育重視の活動であること、学生の状況、教育的見地からプロジェクトが中止される恐れがあることなどを、連携先に理解していただいたうえで提携する必要がある。

これらを踏まえると、授業（特に必修科目のゼミ）ではなく、むしろ課外活動として取り組む方が、授業という位置づけから生じる弊害も起きにくく、やる気のある学生のみをうまく集めることができ、学生が主体的を発揮しやすくなる場合もある。また、大学として地域と連携した活動を実施する理由にもよるが、教育のためというより大学の社会貢献活動の一環として行う場合はなおさら課外活動で取り組む方が現実的だろう。課外活動であれば、学科やコースの専門的学びにあった教育

活動をすべきだという制約がはずれるため、柔軟に取り組むことができる。内容的に地域に貢献するためのボランティア活動のようになっても問題はない。そして、課外活動のなかで主体的に行動できるリーダー的な学生が多数育てば、徐々に正課内で行う地盤が整うだろう。

7　大学全体としての指導の方向性の共有

Ⅳで述べた通り、「やりたくないが、やるべきこと」に取り組むためのまじめさや責任感は、地域と連携した活動を通して育てるというより、活動を行う前提として求められる要素だと考えている。その前提を欠く学生が多くを占める場合は、まず大学として地域と連携した活動を行えるだけのまじめな学生をいかにして育てるかが課題となる。

まじめさを育てるのに特別な教育方法が必要だとは思わない。例えば、授業を休まない、ゼミを休む時には連絡をさせる、遅刻しない、授業中に私語をしない、スマホをいじらない、教職員と接するときは最低限のマナーを守るなどの基本的なことを徹底することが重要だと考える。ただし、教員同士でも教育に対する考え方は異なる。大学なのだから出席より何を学んだかが重要だ、マナーを徹底することが大学の役割ではない、という考え方もあるだろう。確かに研究者育成を担う大学、従来の大学観ではそうかもしれないし、どんな大学でも授業に出席してスマホをいじらずに前を向いていれば講義内容を理解しなくてもよいというわけではない。しかし、まじめな学生を育てようとするならば、そういった態度面に関する指導方針を大学として定め、ある程度共通したやり方で学生を指導していく必要がある。あの先生は出席をとらない、あの先生はいいかげんなレポートでもとおしてくれる、あの講義は授業中に何をしていても怒られない、といった感じでは、仮に要領の良さが育つとしても、責任感あるまじめな学生が育つとは思えない。個々の教員の教育観もあるだろうが、まじめな学生を育てるための指導方針を常勤・非常勤を問わず全教職員で共有し、あきらめずに根気よく、指導していくことが必要であろう。地域と連携した教育の推進はその次の段階にあるのではなかろうか。

おわりに

今回プロジェクトを実施した学年のゼミ生は、ここ数年で一番やんちゃなメン

バーであった。そんな中でも、ある程度まじめに取り組み、力を付けた学生もいた。それをあまり取り上げなかったのは、良い例外を見るのではなく実態にあった取り組みを模索しなければ教育改善にはつながらないと考えるからである。地域連携というと響きは良いが、学生を学外に連れ出せば良い教育になるというものではない。漠然とした効果を期待して行ったり、教育的意義を後付けしたり、主体的にまじめに活動する学生像を前提にして行うのではなく、それぞれのカリキュラムにおけるそのプロジェクトの目的を明確にし、その目的に対する方法として妥当性のある活動を、学生の実態を踏まえて計画し行っていく必要がある。

　大学全入時代を迎えた今、大学が担う役割、方針、そして学生の基礎学力や学びに対する態度も大学毎に大きく異なっている。本学は「真面目」を校訓とし、「真に信頼して事を任せうる人格の育成」を建学の精神として掲げている。クリエイティブさや要領良さには欠けるかもしれないが、まじめに、責任感をもって仕事に取り組む人材を育成しようというスタンスである。これは、研究者育成を目指すわけでもなく、決して学力優秀な者が集まるとはいえない大学にとって、現実的かつ社会のニーズに合った意義のある人材育成の方向性だと感じている。だからこそ、教員も、漠然と「良い経験になるだろう」と一見活発に見える楽しそうな活動、ちょっと目を引く活動を行うことよりも、どうしたら「真面目」な学生を育成できるかを真剣に考え、地に足の着いた教育を行っていくことが必要だろう。

　文学・哲学者の前田英樹は、うまいとんかつを揚げるとんかつ屋のおやじと、その高い技術に対する「怖れ」を持たない見習い坊主の関係を例に、「怖れのないところに、学ぶという行為は成り立たない。遊びながら楽しく学ぶやり方は、元来幼稚園の発明だが、今の日本の学校は、それが大学まで普及し尽くしてしまった。…（中略）…怖れる知恵がまだ育っていない者に、心底面白い仕事などあるわけがない」と述べる。そして、前田は豚肉やパン粉に加え「怖いおやじ」がいればその「知恵」が育つという。大学生は、未だ社会人、地域の人々に対する「怖れ」を感じる知恵が育っていない。まず、この「怖れ」を感じる知恵、つまり社会を見る目を幅広く養う必要がある。そのためにも、教員は、学生が楽しめるようにちょっと変わった活動をやるだけではなく、豚肉やパン粉（学ぶための材料）をしっかり用意し、「怖いおやじ」となって指導していく必要があるだろう。

【引用・参考文献】
・友野伸一郎（2013）「大学のアクティブラーニング、現状と課題」『カレッジマネジメント』180、リクルート
・前田英樹（2001）『倫理という力』講談社
・榎本達彦、織田勝也、児島秀樹（2009）「経済学科におけるプロジェクト体験学習（PBL）導入の試み——その成果と課題」『明星大学経済学研究紀要』40（2）、49～63ページ
・経済産業省「社会人基礎力」
http://www.meti.go.jp/policy/kisoryoku/about.htm
・中山留美子、長濱文与、中島誠ほか（2010）「大学教育目標の達成を目指す全学的初年次教育の導入」『京都大学高等教育研究』16、37～48ページ
・谷口哲也、友野伸一郎（2011）「河合塾からの『大学のアクティブラーニング』調査報告」河合塾編著『アクティブラーニングでなぜ学生が成長するのか』東信堂
・溝上慎一（2011）「アクティブラーニングからの総合的展開」河合塾編著『アクティブラーニングでなぜ学生が成長するのか』東信堂
・鈴木敏恵（2012）『プロジェクト学習の基本と手法』教育出版

第11章 地域におけるインターンシップ等の質の向上と拡充に向けて

手嶋 慎介、加納 輝尚、河合 晋

はじめに

「教育改革プログラム」（1997年文部省—当時）において、学生の高い職業意識を育成するため、インターンシップの導入の在り方について検討を進めることを提言し、「インターンシップの推進に当たっての基本的な考え方」（1997年文部省・通商産業省・労働省—当時）のいわゆる3省合意がなされた。その後、「新時代の大学院教育——国際的に魅力のある大学院教育の構築に向けて」（2005年中央教育審議会答申）及び「第3期科学技術基本計画」（2006年閣議決定）において、単位認定を前提とする「長期間」のインターンシップの実施が提言された。また、「教育振興基本計画」（2008年閣議決定）では、人材育成に関する社会の要請に応えるため、大学等と産業界・地域社会とのより幅広い連携協力の下でのインターンシップの充実について提言され、インターンシップ推進において「地域社会」という言葉が登場した。

本章では、産官学連携の重要な取り組みとしてインターンシップ等に着目する。その質の向上と拡充のためには、実施のためのコーディネートが重要であると考え、そのための組織や制度について地域における実施事例の比較検討を行う。今後の展望としてコーディネーター、すなわちコーディネートを行う「人」について、その専門人材育成について言及する。

I 中部・北陸地区におけるインターンシップ等の事例

1 富山県におけるインターンシップの取り組み事例

（1）富山短期大学におけるインターンシップ教育の位置付け

第一に、富山県におけるインターンシップの取り組みの一事例として、富山短期大学経営情報学科の学科統一の取り組みを検討したい。

第 11 章　地域におけるインターンシップ等の質の向上と拡充に向けて　　125

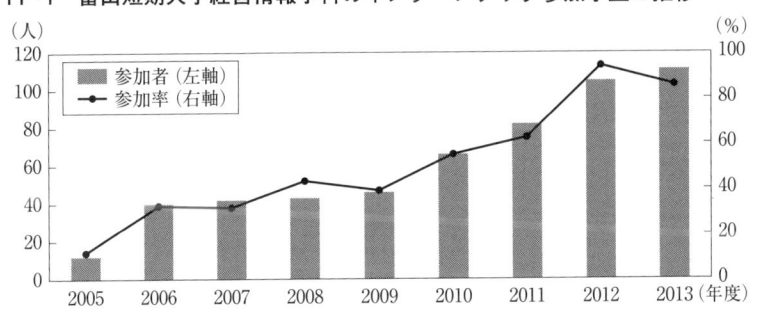

図 11-1　富山短期大学経営情報学科のインターンシップ参加学生の推移

　本取り組みは、2004 年度に開始して以来、2013 年度で 10 年目を迎え、参加学生数も 111 名となり当初の約 8.5 倍に増加した（図 11-1、参加率は 2013 年度 85.3％で、当初の約 8 倍に増加）。インターンシップにより、現実の活きた組織・職場の厳しさを体験することによって、学生の将来の社会人としての自覚を促すとともに、学生が自主性・責任感ある人材に成長することを期待し[1]、現在では、いわゆる「三位一体キャリア教育」の三本柱の一つとして、インターンシップの積極的な推進を行っている。なお経営情報学科のキャリア教育は、ビジネス実務教育とキャリア教育を連携させ、就職活動に備えるとともに、社会常識・マナーを身に付け、コミュニケーション能力を高める目的で行われており、

　①ビジネスの現場で必要となる基礎知識の教育
　②キャリア・デザイン講座、キャリア支援講座
　③インターンシップ

の三本柱から構成されている。そして座学等で得た知識やマナー、考え方を職場体験により現場企業・団体で実践していくのがインターンシップである[2]。

（2）富山短期大学のインターンシップ教育プログラム

　富山短期大学のインターンシップ教育プログラムは、「事前研修」「受入先での実習・研修」「事後研修」からなり、全体のプログラムを終了し、学科 DP（ルーブリック）に基づく基準をクリアした者に対し、専門科目（演習科目・選択）としての「インターンシップ」2 単位を付与する仕組みとなっている。

①「事前研修」

　実習に先立ち、その目的・研修目標を明確にし、実習を有意義にするための研

修。具体的には、参加準備としてのオリエンテーションに加えて、キャリア・デザイン講座（1年次前期必須科目）における座学準備、実習先での研修テーマ・課題の確定、及び2年生経験者との懇談会、ビジネスマナー講座等を実施している。
②「受入先実習・研修」
　実習先において、正（準）社員・職員と同じ責任・意識を持って就業体験をさせる。
③「事後研修」
　実習を通して得られた経験や、問題意識を今後につなげていく研修。具体的には、研修中に作成した日誌の提出、研修テーマに沿ったレポートの作成、日報の作成、学内発表会用の発表原稿、スライド原稿の作成、富山県下合同就業体験発表会の報告書の作成等を実施している。
　富山短期大学のインターンシップ教育は、専門科目「インターンシップ」を担当する教員による指導のみならず、学年担任、ゼミ担任として、それぞれの立場で学科の全教員がインターンシップに参加する学生の指導に積極的に関与していることが一つの特徴である。
　具体的には、学生の受入先企業の候補を第三希望まで募り、「インターンシップ」担当教員と学年担任が中心となり、各企業と直接マッチングを行っている。なお、対象となる企業の選定は、後述する「富山県インターンシップ推進協議会」の全面的な協力を得て行っている。すなわち、当協議会が毎年発行する200ページ弱にわたる「インターンシップガイドブック〈学生用〉」[3]を学生に配布し、原則としてその中に紹介されている企業の中から、学生自身が候補先を選ぶことになっている。本冊子は、主として前年度受入企業が実施した研修内容等の実績が簡単に整理されている。
　そして学生が希望する企業への受入が確定した後は、ゼミ担当教員が主として受入先企業へ参加学生を同行して挨拶・事前打ち合わせ訪問や激励訪問等を行う。さらに、学生がインターンシップに参加した後には、レポート作成、スライド作成、学内・学外発表指導などの事後研修を一人一人の学生に対して実施している。なお、2012年度のインターンシップは、実質5～10日間にわたり、1年次の夏期休暇中に実施した。研修先企業・団体は全部で57社にのぼり、業種等はサービス業等が24社で最も多く、続いて公共団体等が22社となっている。

2 愛知県におけるインターンシップ等の取り組み事例

(1) 愛知東邦大学におけるインターンシップ教育の位置付け

次に、愛知県におけるインターンシップの取り組みの一事例として、愛知東邦大学の全学共通科目としての取り組みを検討したい。

本取り組みは、4年制大学としての開学以前の東邦学園短期大学にさかのぼる。2005年に閉講した短大秘書専攻では、1996年頃から始まった日本ビジネス実務学会における企業研修の討論に触発され、インターンシップ実施の準備が開始された。本専攻のカリキュラムのコアは秘書実務と秘書概論で、机上での模擬練習に加え、現場での生きた経験で知識が生きると考えられたためである[4]。そして、日本ビジネス実務学会における討論に関連するであろう指摘として、当学会の前身である日本秘書学会の研究の成果は「秘書教育というフィールドを通して、高等教育の中に職業基礎教育を根づかせ、人材を開発してきた」ことであるとされている（池内、2012）。したがって「インターンシップ」科目単独での実施というよりは、秘書専攻としてのコア科目との連携が肝であり、職業基礎教育としてのプログラムを通して人材を開発してきた、換言すれば「就業力育成」のための取り組みを行ってきたといえよう。

1998年度から実施（5社7名）、2003年度から4年制大学（経営学部地域ビジネス学科）も合流した。その後、後述する「愛知中小企業家同友会」が推進するインターンシップへの参加を中核にしながら、海外（中国）インターンシップが実施されるなどの充実が図られてきた。現在は、全学の共通科目として設置され、専門教育との関連付けを深めることよりも、キャリア教育としてのジェネリックスキル育成が重視されるような取り組みとなっている。

(2) 愛知東邦大学のインターンシップ教育の課題

しかし、近年、全学の共通科目としての全学的取り組みとはいうものの、その参加人数は在学者数の1～2割を推移するにとどまっている。「事前指導→実習→事後指導」という実施過程そのものは、富山短期大学と同様のプログラムであるものの質・量ともに全学的取り組みとは言い難い状況が続いてきた。

こうした背景とともに、「就業力育成支援事業」（本書第2部第5章）に伴うカリキュラム変更により、2013年度から対象学年を2年次から3年次に改めるなどの新プログラムを開始することになった。現在までのインターンシップの実態を把握

しプログラムの再構築のための検討を行った結果、さまざまな課題が浮かび上がってきた中で、「カリキュラムのねらいと学生の不適合」という課題にまとめることができた。

カリキュラム面では、実習の事前事後指導という点で、事後指導を行うための単独の科目は設けられておらず、振り返りの時間や体験報告としてのプレゼンテーションの場も公式的に設けることが継続できていなかった。

履修対象学年という点では、3年次から2年次に早期化することと同時に、実習期間2週間という一般的なものと、3年次に1か月程度のものを組み合わせた二段階方式とするなどの工夫がされ、大きな特長となっていた[5]。後述するように、近年、より長期のインターンシップの推進が求められているものの、学生にとってはプログラムの魅力よりも厳しさが目立ったようであり、積極的に履修選択する学生は少なかった。さらに、共通科目として他学部生（人間学部）も同時開講することによって受講者ニーズの多様化が進んだ点が指摘できる。

以上のようなカリキュラムのねらいと学生の不適合は、インターンシップに限ったことではないともいえるが、ねらいに適合しないばかりか履修者自体の減少を招いていたとも考えられる。

Ⅱ　産官学連携のための地域におけるコーディネート機関の事例

1　富山県インターンシップ推進協議会[6]について

以下では、産官学連携のための地域におけるコーディネート機関の事例を検討する。富山県では、「14歳の挑戦」と称し、1999年度から中学2年生による企業での職場体験学習が開始し、翌2000年度には「富山県インターンシップ推進協議会」が発足し、県内で統一されたシステムでインターンシップ制度が推進されている。

初年度は参加企業・団体59社、125名の学生参加でスタートしたが、2012年度には参加企業・団体は244社、871人の学生が参加するに至っている。中でも県外学生のいわゆるUターンインターンシップは193名で全国的にもかなり高い数値となっており、富山県内の学生のインターンシップに対する取り組みは積極的であるといえる[7]。

本協議会の加盟学校は、富山大学、富山県立大学、富山国際大学、高岡法科大学、富山短期大学、富山高等専門学校（本郷キャンパス）、富山高等専門学校（射水キャンパス）、北陸職業能力開発大学校の8校から構成されている。現行役員は、

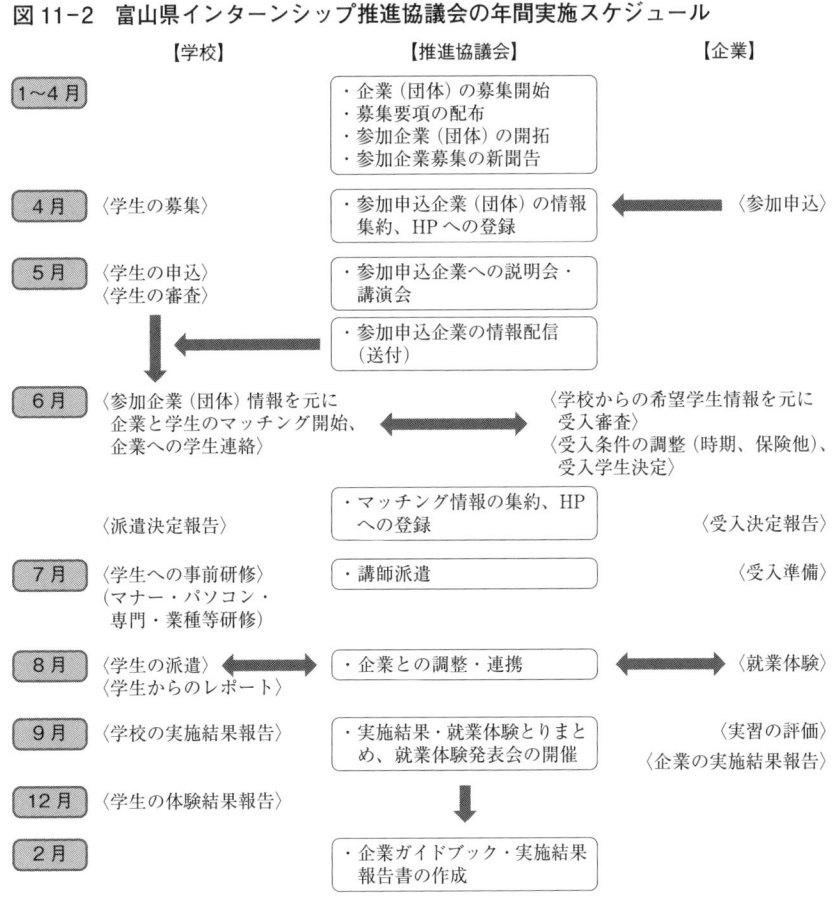

第11章　地域におけるインターンシップ等の質の向上と拡充に向けて　　129

図11-2　富山県インターンシップ推進協議会の年間実施スケジュール

月	【学校】	【推進協議会】	【企業】
1～4月		・企業(団体)の募集開始 ・募集要項の配布 ・参加企業(団体)の開拓 ・参加企業募集の新聞告	
4月	〈学生の募集〉	・参加申込企業(団体)の情報集約、HPへの登録 ←	〈参加申込〉
5月	〈学生の申込〉 〈学生の審査〉	・参加申込企業への説明会・講演会	
	↓ ←	・参加申込企業の情報配信(送付)	
6月	〈参加企業(団体)情報を元に企業と学生のマッチング開始、企業への学生連絡〉 ↔		〈学校からの希望学生情報を元に受入審査〉 〈受入条件の調整(時期、保険他)、受入学生決定〉
	〈派遣決定報告〉	・マッチング情報の集約、HPへの登録	〈受入決定報告〉
7月	〈学生への事前研修〉 (マナー・パソコン・専門・業種等研修)	・講師派遣	〈受入準備〉
8月	〈学生の派遣〉 〈学生からのレポート〉 ←	・企業との調整・連携 ←	〈就業体験〉
9月	〈学校の実施結果報告〉	・実施結果・就業体験とりまとめ、就業体験発表会の開催	〈実習の評価〉 〈企業の実施結果報告〉
12月	〈学生の体験結果報告〉	↓	
2月		・企業ガイドブック・実施結果報告書の作成	

(出所) 富山県インターンシップ推進協議会 (2013b)、7ページを一部改変して作成

会長の富山大学学長をはじめ、各加盟学校及び企業の代表者から構成されている。事務局は一般社団法人 富山県経営者協会の事務局長とコーディネーターで構成されており、図11-2のような年間実施スケジュールに基づき、学校側(学生)と企業・団体側との仲介役として各種活動を行っている。富山短期大学のインターンシップは、全面的に本協議会のルール等に従い実施しており、原則として、本協議会と一定の契約を締結した企業のみを対象研修先として選定している。

	98年	99年	00年	01年	02年	03年	04年	05年	06年	07年	08年	09年	10年	11年	12年	13年	14年
派遣大学数	1	3	3	4	8	11	13	13	17	12	11	11	14	16	16	12	14
愛知東邦大学参加学生数	0	0	0	2	2	10	9	13	4	3	2	3	6	4	6	6	8
岡崎女子短大参加学生数	0	0	0	0	0	0	0	0	0	0	0	0	0	2	1	0	1
全参加学生数	27	56	50	54	56	66	90	102	108	77	62	72	81	74	84	88	91
受入企業数	12	32	29	30	33	34	43	51	51	45	37	36	39	36	34	40	40

表 11-1　愛知中小企業家同友会におけるインターンシップ推移
　　　　　（派遣大学数、参加学生数、受入企業数）

(出所) 愛知中小企業家同友会「インターンシップ2014修了式」(2014年9月1日) 配付資料および愛知中小企業家同友会オフィシャルページ (http://www.douyukai.or.jp/) 2014年9月現在

2　愛知中小企業家同友会のインターンシップ制度

　愛知県では、富山県と比較し「県内で統一されたシステム」としてのインターンシップ制度が推進されているとはいえない。もちろん、県内の高等教育機関や学生数という量的な点で単純に比較できないし、岐阜県や三重県といった近県を含め、多様な制度が同時に推進されているともいえよう。ここでは、愛知中小企業家同友会のインターンシップ制度について紹介したい。さきに、愛知東邦大学のインターンシップ教育の課題をあげたが、現在まで継続できている大きな要因として、愛知中小企業家同友会の支援があげられる。富山の事例と同様に、本会のルール等に従い実施しており、会員企業を中心に対象研修先として選定してきたわけである。

　愛知東邦大学が参加開始した2001年度、企業数は30社、54人の学生参加であり、富山県インターンシップ推進協議会と比較すると小規模ながらも、最近ではそのいずれもが増加傾向にある（表11-1）。年間実施スケジュールも同様であり、小規模さを活かした点として指摘できるのは、全企業・学生が一堂に会する「キックオフ研修」「修了研修・終了式」が行われている点であろう。これによって、大学内部でのインターンシップ教育が補完され、実際に、愛知東邦大学の継続的実施を支えてきたと言っても良いであろう。近年に入って、新たに岡崎女子短期大学の参画が見られるなど、その支援の質と量は拡充しているといえよう。

3　まとめ

　「インターンシップの普及及び質的充実のための推進方策について意見のとりまとめ」[8] によれば、近年の考え方として、インターンシップについては、一人一

人の社会的・職業的自立に向け、必要な基盤となる能力や態度を育てるキャリア教育としての側面が強い形態と、キャリア教育を前提としつつも、専攻分野の知識・技能を深化し、職業への移行を支援するための、より専門教育（又は職業教育）としての側面を強めた形態がある。また、本意見によれば、前者の場合であっても、インターンシップを専門教育から切り離されたものとして考えるのではなく、専門教育と関連付けて実施することが必要であり、後者についても、キャリア教育としての意義を前提とした上でPBLなどと同様にインターンシップを専門教育の一環として明確に位置付けた上で、専門教育における学生の学修を深め、学生の主体的な学修を促すためのプログラムとして推進すべきであるとされている。

　富山短期大学のインターンシップの取り組みを例にすれば、今後、2年間という短い修業年限でより効率的・効果的な教育を実施していくためにも、専門教育の一環としての位置付けをより強めた形で推進していくことが肝要と思われる。こうした推進において、文字通り「肝」となるのが地域のコーディネート機関であり、実際にコーディネートする人材によって、その質・量が決まるといっても過言ではないだろう。富山短期大学をはじめ、地域に根差した教育を推進する短期大学が存在する一方、愛知東邦大学のように、短期大学から改組転換する形での4年制大学は増加傾向にある。短期大学のように2年間という短い修業年限ではない中で、4年制大学としての質保証、インターンシップ等を充実させていくような取り組みは、ビジネス・経営系の高等教育機関以外でも、中長期的には避けられない課題であろう。

Ⅲ　インターンシップの発展的展開と支援体制

1　愛知東邦大学のインターンシップ教育の試み

　愛知東邦大学では、さきに述べた「就業力育成支援事業」に伴うカリキュラム変更の端境期において、新たな取り組みが試みられた。インターンシップを「PBL型」のプログラムとして実施したものである。このプログラムは「企業と学生が連携した星ヶ丘地区街おこしプロジェクト――学生参加の街づくり」として、「地域ビジネス」「チーム」「地域課題」という各要素をバランスよく取り入れることが出来たものである。

　星が丘グループ本社（愛知県名古屋市千種区星ヶ丘）との連携プロジェクトとして、インターンシップ（期間を「2週間、10日間、80時間程度」とする2単位の実習科目）

の単位認定をすることにより、大学・企業・学生の三者の意思統一（想定する内容・規模等）を図ることから開始した。インターンシップの量的不足を補うためにも、新たに PBL という形態で学生の主体的な学習を促そうという取り組みであり、インターンシップの発展的展開としての地域連携 PBL 実施への試みともいえる。

星が丘グループの各企業（主に名古屋市千種区）、愛知東邦大学周辺（主に名古屋市名東区）および学内教室を活動のフィールドとし、主に「グループ企業および街頭でのアンケートとインタビュー」「地域の商店街調査」「企画立案とプレゼンテーション」が実施された。各内容について要約すれば以下のとおりである。

① 「グループ企業および街頭でのアンケートとインタビュー」

通常のインターンシップと比較し、多種多様な人々とのコミュニケーションの場が設定された。また調査用紙の作成・分析などを各企業担当者にフィードバックするなど PDCA が意識された。

② 「地域の商店街調査」

チームメンバーには iPad 各 1 台が配付され活用を促した。基本的には他実習先と共通内容の事前指導を行っていたため①のアンケート同様であるが、スキル（IT、調査手法など）不足が目立つなかでの活用・調査となった。

③ 「企画立案とプレゼンテーション」

振り返りとしての事後指導（事後学習）不足を、プロジェクトの終結を秋の大学祭でのプレゼンテーションとして事前に設定することにより、実習期間中にプレゼンテーションの作成と実施を組み込むこととした。

以上に加えて、複数回にわたったケーブルテレビからの取材を受けることが、結果的に振り返りにつながったことが各学生への聞き取り調査によって明らかとなっている[9]。さらに、プロジェクト終結後の 2012 年 1 月には、星が丘グループのトップマネジメントへのプレゼンテーションを行った。これは学生チームの取り組みを基盤としているものの、1 名の主体的な個人的活動として行われた。当該学生は、初年次教育科目において後輩学生の前でプレゼンテーションを行うなど、入念な準備を経て当日に臨んだ。

以上の事例では、予算的にも大変恵まれた状況にあった。具体的には、内閣府「地域社会雇用創造事業」の「ソーシャルビジネスエコシステム創出プロジェクト」の一環として、NPO 法人アスクネットと連携して実現した取り組みの一部である。「SB 人材育成拠点大学」の担当教員として導入することにより発展させたものであ

り、事前事後指導を含む科目担当教員としては1名（手嶋）、主としてプロジェクト期間中には大学就職課職員2名およびNPO法人アスクネット職員1名、星が丘グループ職員2名によって編成された。このような体制を取ることが出来ることは稀といっても良いが、必要最低限の体制であるともいえる。もちろん、最終的に1名の活動となった時点まで支援を継続できたのは、こうした資金的裏付けのあるプログラムであったことが非常に大きな要因である。

　また、学生チームとしては、3年生4名（男子学生）であり、うち3名は同じゼミに所属するなど、プロジェクト開始前から連絡を取り合うことが出来る仲であったことから、チームビルディングという点での困難さはなかった。

　以上のような実施中の諸条件を満たすことが出来さえすれば、効果的な取り組みにつながるとはいえない。とくに、残念ながら学部としての取組みとして定着しておらず、一科目や担当教員によって個別に進められている印象が強い。科目や担当教員に対する支援が強化された事例ともいえ、コーディネートを役割とする複数の人材が存在したからこそ実現した取り組みであったといえよう。

2　長期実践型インターンシップにおける愛知県岡崎市での取り組み

　愛知県岡崎市においては、岡崎市雇用対策協議会が中心となり、学生が地域にある中小企業でのインターンシップを通して職業観を醸成し、それを雇用に繋げることを目的として、2013年度より長期実践型インターンシップ（6か月）を開始した。その実施に際しては、岐阜県で先行事例を持つNPO法人G-netと、岡崎市の中小企業とネットワークを持つNPO法人コラボキャンパス三河に事業委託された。岡崎市がNPO法人G-netに焦点を当てた理由は、当該事業に取り組んで既に10年以上の実績を持っており、学生の教育効果を上げる優れた研修プログラムを有し、かつ受入企業にとってもメリットとなる事業設計を有しているからである[10]。

　岡崎市で開始された長期実践型インターンシップは、2013年度から3社が受入企業となり、学生4名が長期実践型インターンシップに参加した。筆者が受入企業と学生に行ったアンケート調査[11]からは、学生の成長とともに、受入企業においてもインターン生が取り組んだプロジェクトが企業利益に貢献し、また組織開発の点においても効果を上げていることが分かった。以下、アンケート調査を踏まえ、NPO法人コラボキャンパス三河事務局長松林康博氏の事業報告に基づいて（筆者加筆修正）、コーディネート機関の存在と受入企業のメリットを検討する。

① 株式会社 A 社

自社の新商品の販路開拓にインターン生 (12) が取り組んだ。1 か月半営業マンに同行することで、営業マン 25 人の育成コストが分散する新しい研修制度を提案することに寄与した。また、インターン生がテレアポを行い、営業マンが契約をクロージングするという手法で、新規契約を 10 件開拓した。新商品は大手企業への販路開拓を意図しており、同社が 30 年で約 1,000 社の取引先を開拓したことからすると、6 か月で 10 社を開拓したのは大きな成果である。

また、組織開発においても、同社社長は「インターン生を育ててあげないといけないと思っていた。コーディネーターのおかげで、インターン生が自ら考える環境を用意できた。それによって、こちらは負担が軽減できたのみならず、社員がインターン生を応援する環境ができあがった」というコメントをしている。

インターン生の活躍が、営業マンのみならず事務職の社員も巻き込むことになった。インターン生のミッションは全社員共通のミッションという認識になり、インターン生が不在の時でも、社員がテレアポや新規契約を進める動きにまで発展した。社員の多くが嫌がるテレアポをインターン生が社員以上に頑張ったことで、社員の意識が変化した。社員からはインターン生の入社を求める声が上がり、同社は彼女に対して内定を出すまでに至った。

② 株式会社 B 社

インターン生 (13) が同社スタッフ向け「すぐやる課」を設立し、スタッフの要望の何件かが具現化され、スタッフの就労環境の改善に繋がった。

インターン生の一人は、同社初の広報担当となり、初めてプレスリリースを書いた。宣伝とプレスリリースの区別がついてない同社にあって、学生はニュースの種となるものがどういうものか理解が進むと同時に、同社としては初めて新聞記事への掲載に繋がった。また、社内イベントに初めて外部の人を招くことに関与し、領事館の職員を招くことに貢献した。さらに、同社創業以来、人員の関係で取り組めなかった Web サイトのリニューアルに着手し、経営理念の言語化に成果を上げた。

インターン生のもう一人は、同社が株式会社を主体とする保育園であることから、NPO 法人の設立に寄与した。事務書類の作成はじめ、事業計画の立案及び NPO 法人の事務局長となる人材の雇用に成果を上げた。

③ 株式会社 C 社

同社がこれまで出来ていなかった、社内での情報共有制度の構築のきっかけをイ

ンターン生[14]が作った。また、インターン生の日報を社員に見せ、かつ社員にも同じ日報を適用することで競争を作り、スタッフの成長に繋がり、今後のスタッフ育成の土台にもなった。同社経営者は「家業から企業へ変わるきっかけをもらった」とコメントしている。

インターン生が担ったプロジェクトはネット通販の店長であったが、6か月で約200万円の売上を達成した。また、同社経営者の悲願であった"自分の想いがこもったページ"の作成をインターン生が成し遂げた。インターン生はこの後も、同社の要望により、アルバイトとして勤務することが決まっている。

学生のみならず受入企業にとってもメリットがある事業設計を行えるのは、コーディネート機関自身が事業として行っているからである。コーディネート機関の担当者は、日々学生の日報にコメントし、学生と受入企業の双方に適切なアドバイスを行っていた。自己を成長させたい想いで参加した学生と、課金を払ってまでもそうした学生を活用したい受入企業の双方に成功をもたらすために、コーディネート機関は事業遂行しているに過ぎないとも言える。しかしながら、高等教育機関がこうしたNPO法人など民間のコーディネート機関を活用することは、長期実践型インターンシップに持続可能性をもたらす一例であるといえよう。

おわりに——インターンシップ等に関わる専門人材育成の必要性

現政権下での成長戦略の一環として教育改革が掲げられ、総理から、2015年度卒業生の就職活動より学生の就職活動時期を後ろ倒しする要請と併せて、「キャリア教育やインターンシップへの支援を強化するとともに、中小企業の魅力を学生に発信する取り組みにも力を入れたい」旨の発言（2013年4月、総理と経済界との意見交換）があり、「日本再興計画」（2013年6月閣議決定）において、「若者雇用戦略」の中でインターンシップの支援体制の強化等が提言された。それを踏まえ、文部科学省は、学生のインターンシップを増やすため、2014年度に大学等と中小企業の仲介拠点を全国13か所に設け、2015年度以降は各都道府県に拠点を設けると同時に、大学内でインターンシップを専門に担う人材育成が必要であるとし、大学職員を対象にコーディネーター養成研修を行う方針である[15]。

インターンシップを導入する大学数の増加とともに、本章でも取り上げたPBL

のようなプログラムの多様化も見られるが、在学生にとって本当に必要なプログラムを吟味し、キャリア教育のカリキュラムに位置付ける必要がある。インターンシップは多様化するとともに高度化することが同時に求められ、その実施に際しての支援組織やスタッフの専門性が重視されることになろう。学生への支援体制（実施主体となる教職員）を支援する大学組織（学科、学部、支援センター等）のあり方が問われるであろう。専門人材の育成ははじまったばかりであり、外部との連携とともに内部からの専門人材育成が喫緊の課題である。

【注】
(1) 富山短期大学（2013）『平成24年度 経営情報学科 インターンシップ実施報告書──ビジネスパーソンに求められる人間性と専門性を身に付けるために』1～3ページ。
(2) 富山短期大学 経営情報学科（2013）「平成25年度 インターンシップ実施要領」。
(3) 富山県インターンシップ推進協議会（2013a）『インターンシップガイドブック〈学生用〉』。
(4) 東邦学園短期大学記念誌編集委員会編（2011）『東邦学園短期大学の43年』学校法人東邦学園、30ページ。
(5) 2010年度までの各取り組みの実態と課題については、手嶋慎介（2011）「就業力育成のための支援体制──地域におけるインターンシップ」愛知東邦大学地域創造研究所編『学士力を保証するための学生支援──組織的取り組みに向けて』唯学書房、67～80ページを参照されたい。
(6) 富山県インターンシップ推進協議会HP（http://www.internship-toyama.jp/）。
(7) 富山県インターンシップ推進協議会（2013b）『平成24年度 富山県インターンシップ事業実施結果報告書』はじめに。
(8) 体系的なキャリア教育・職業教育の推進に向けたインターンシップの更なる充実に関する調査研究協力者会議（2013）「インターンシップの普及及び質的充実のための推進方策について意見のとりまとめ」2013年8月9日、1ページ。
(9) 2011年度の夏期休暇中に開始、11月の大学祭でのプレゼンテーションにおいて終結としたプロジェクトの様子は、スターキャットチャンネル「星が丘×僕ら──愛知東邦大学 学生たちの挑戦」2012年2月28日、3月2日・6日・9日・13日・16日・20日（放送時間帯16：15～16：30）」として放映された。
(10) NPO法人G-net（岐阜市吉野町6-2 プラザービル2階）は、2003年に特定非営利活動法人格を取得し、2004年より長期実践型インターンシップ（ホンキ系インターンシップ）を開始している。2013年8月現在で、391名のインターン生を輩出している。長期実践型インターンシップのコーディネート機関におけるリーディングカンパニーのひとつ。その他、2010年より内閣府委託事業として「地域協働型インターンシップ」も展開

し、岐阜大学で開講される「地域活性化システム論」は、県内22大学等と岐阜県で構成するネットワーク大学コンソーシアム（GUC）の地域連携プログラムとして、正課化・単位互換科目となっている。2009年経済産業省「ソーシャルビジネス55選」に選出、2012年経済産業省「ものづくり日本大賞」優秀賞（青少年支援部門）など受賞。
(11) 2014年1月に実施。受入企業からは2社、学生からは4名全員から回答を得た。
(12) 当時、インターン生は中京大学国際英語学部3年、女性。
(13) 当時、インターン生は愛知淑徳大学ビジネス学部2年・名城大学農学部3年、ともに女性。
(14) 当時、インターン生は愛知大学経営学部2年、女性。
(15) 「日本経済新聞」（2013年9月21日付）参照。

【引用・参考文献】
・池内健治（2012）「変化を常態としてとらえるビジネス実務研究」『ビジネス実務論集』第30号
・NPO法人ETIC.主催「地域仕事づくりコーディネーター戦略会議」（2013年10月20日）での配布資料（文部科学省・経済産業省）
・NPO法人ETIC.主催「教育効果の高いインターンシップ普及推進シンポジウム（プログラムガイド）」（2014年2月9日）（文部科学省主催・経済産業省共催）
・NPO法人G-netより提供していただいた各種資料
・NPO法人コラボキャンパス三河より提供していただいた各種資料
・経済産業省・NPO法人ETIC.（2013）「産学連携によるインターンシップのあり方に関する調査報告書」
・文部科学省（2009）「インターシップの導入と運用のための手引き――インターンシップ・リファレンス」

第 12 章 PBL プログラム等の国内での実践状況

手嶋 慎介

　本章では、PBL プログラム等の国内での実践状況として、各地域の高等教育機関における取り組みを中心に紹介・比較検討することを目的に、各地域で実際に各種の取り組みを推進している方々に執筆いただいた。外部の方々のお力を借りるという点では「人材育成研究部会」の企画として、地域創造研究所第 37 回定例研究会においても野添雅義氏（高山自動車短期大学教授）に「デュアルシステム（ドイツの職業教育制度）と人材育成の取り組み――飛騨高山における実践例をもとに」としてご報告いただくことにより、他地域での人材育成から学ぶ機会を設けてきた。これと同様に、本書執筆者である人材育成研究部会のメンバーによる調査研究成果（本書）に付加するために、本章では執筆をご依頼した各論考を取りまとめる形式としたものである。

　PBL や産学連携のような取り組みが活発化してきている例として、経済産業省「社会人基礎力」に関する愛知県での取り組みをいくつかみてみると[1]、「産学連携枕共同開発プロジェクト（中京大学）」、「映像制作を通した社会人基礎力の育成（中部大学）」といった例がみられる。この事例紹介がされた「社会人基礎力育成研修会」での講演では、「社会人基礎力」について、企業内での取り組みも紹介されている。富士通株式会社では、採用施策として、2009 年「エントリーシートの設問に活用」、2010 年「面接時の評価項目に導入」、2011 年に「求める人材像に明記」され、内定者施策としても、2008 年「社会人基礎力をベースとした内定者教育を開始」、2009 年「内定から入社後 2 年間に渡る計 3 年間の若手社員の育成プログラムへ進化」するなど社内で浸透してきた結果、若手の育成だけではなくて、中堅・リーダー・部課長に関しても、レベルは異なるとはいえ、同様の取り組みの必要性が語られているという[2]。

　もちろん、以上のような取り組みは愛知県に限ったものではない。全国ビジネス系大学教育会議編著（2010）では全国の多数の事例が紹介されており、さらに（2012）では初年次教育におけるプロジェクト型の取り組みが紹介されている[3]。

なお、ここまでに言及してきた「アクティブ・ラーニング」や「就業力」などの語彙は、中央教育審議会（2012）などで提示されるような一般的な意味合いで使用している。例えば、アクティブ・ラーニングは以下のようになる。
　教員による一方向的な講義形式の教育とは異なり、学修者の能動的な学修への参加を取り入れた教授・学習法の総称。学修者が能動的に学修することによって、認知的、倫理的、社会的能力、教養、知識、経験を含めた汎用的能力の育成を図る。発見学習、問題解決学習、体験学習、調査学習等が含まれるが、教室内でのグループ・ディスカッション、ディベート、グループ・ワーク等も有効なアクティブ・ラーニングの方法である。
　就業力については各大学においてさまざまに定義づけられており、各大学で育成されている力を総称するものともいえよう。以降では、特別な断りをしない限り、それぞれ以上のような広義の意味でとらえたい。

　ご執筆頂いた方々は、以下のとおりである。感謝申し上げる次第である。

　　札幌国際大学観光学部准教授　和田早代先生（北海道／私立）
　　高崎経済大学地域政策学部准教授　坪井明彦先生（群馬県／公立）
　　富山短期大学経営情報学科准教授　加納輝尚先生（富山県／私立）
　　金沢星稜大学経済学部准教授　奥村実樹先生（石川県／私立）
　　岡崎女子短期大学現代ビジネス学科准教授　河合晋先生（愛知県／私立）
　　お茶の水女子大学リーダーシップ養成教育研究センター特任アソシエイトフェロー　井上奈美子先生（東京都／国立、※執筆ご依頼時は筑紫女学園大学、福岡県／私立）
　　名桜大学国際学群准教授　大城美樹雄先生（沖縄県／公立）

【注】
(1) ここでの事例は、経済産業省編、河合塾制作・調査（2010）、「社会人基礎力育成研修会」（主催：経済産業省　共催：日本経済新聞社人材・教育事業本部　協力：河合塾　於：日本経済新聞社名古屋支社　大会議室、2012年9月11日）での講演内容および配布資料にもとづいている。
(2) 「社会人基礎力育成研修会」における富士通株式会社人事労政部人材採用センター長

豊田建氏の発言より（講演「富士通における社会人基礎力の活用事例」）。富士通株式会社においては「きわめて優れている」「優れている」「標準的」「やや劣る」「著しく劣る」の5段階での自己評価である。
(3) 齊藤毅憲、佐々木恒男、小山修、渡辺峻監修／全国ビジネス系大学教育会議編著（2010）『社会人基礎力の育成とビジネス系大学教育』学文社。斎藤毅憲、佐々木恒男、吉田優治、夏目啓二、小山修、渡辺峻監修、全国ビジネス系大学教育会議編著（2012）『ビジネス系大学教育における初年次教育』学文社。

I　観光人材育成としての産学連携事業

和田　早代（札幌国際大学）

1　北海道における観光人材育成の必要性

　1990年6月、「日本観光立県推進会議」において、北海道が日本で最初の「観光立県宣言」がなされた。また、観光産業は経済波及効果の高い産業であり、北海道にとって幅広い産業に経済効果をもたらすことが期待されている。
　1999年に札幌国際大学が観光学部を設置してから、わが国の観光系の学部・学科の設置については、年々増加の傾向にあるといえる。『カレッジマネジメント』(2009)[1]によると、観光庁が2008年11月にカリキュラムワーキンググループを開催し、既存カリキュラムの分析・課題の抽出を行うため、観光系の学部・学科で教えている内容について、次の4つの類型に分けている。
　①人文科学を中心としたもの
　②地域振興に主眼を置いたもの
　③接遇者養成を意識したもの
　④経営学を中心としたもの
　この4つの類型のうち、③の接遇者養成については、北海道観光のホスピタリティに関する調査事例がある。2012年にリクルートが発表した「じゃらん宿泊旅行調査」[2]で、北海道のおもてなしの現状は、「地元の人のホスピタリティを感じたか」について、北海道の評価は24.0％と全国で第18位で高いとは言えず、第1位である沖縄の47.4％に比べると、およそ半分の支持率にとどまっている。このアンケート結果の問題解決には、観光客に接する接遇者の質の向上はもとより、観光

第 12 章　PBL プログラム等の国内での実践状況

産業を支える人材の安定的な供給が重要課題ともいえる。こうした観光人材を育成するためには、大学と観光産業界、行政の連携強化が重要であると考えてよい。

2　事業の目的・概要

　観光立県を唱える北海道にとって、観光産業を支える人材の安定的な供給は重要な課題である。札幌国際大学観光学部は、観光業界への有為な人材輩出を使命と考え、その具現化にむけて人材養成カリキュラムを展開している。宿泊産業を中心とする鶴雅グループを率いる大西雅之氏は、日本の観光カリスマでもあり、阿寒地域のまちづくりと観光業界の水準向上を使命と考えている人物である。札幌国際大学観光学部と鶴雅グループは、共通の理念を分かち合い、「観光人材養成講座」を実施している。同講座の受講者総数は既に 233 名を数え、多くの講座参加者が卒業後に観光産業界等で活躍している。本講座（科目名：観光人材養成実習）を通して、観光産業への人材輩出に向け、より質の高い教育効果を図ることを事業の目的としている。第 1 回の 2006 年から年に 2 回、3 週間の日程で釧路市阿寒湖温泉にある鶴雅グループの施設において講義と実習を実施し、2014 年度には第 15 回を迎えた。この活動は「北海道」からも後援を得ている産学連携事業である。

　実習の拠点は、札幌から車で約 6 時間の阿寒湖温泉の宿泊施設「あかん遊久の里鶴雅」である。プログラムの内容は次の 4 項目で、講義と演習がおよそ 2 対 1 の割合で構成されている。

①アイヌ文化と郷土の理解
　住民から直接学び、観光地と文化のつながりを肌で感じることができる。
②宿泊業とおもてなし
　お迎えやお見送り、料理の勧め方や後片付け、客室の準備などを体験する。
③広域地域の観光地との連携
　阿寒から離れてオホーツク地方へ行き、現地の生活のあり方と観光に対する取組みを学ぶ。
④100 年ブランドと阿寒のまちづくり
　3 週間滞在での学びを生かし、グループ討議でまちづくりの提言を発表する。
　以上のように、このプログラムの教育的意義は、「地域文化と連携して観光産業を活性化させている企業の姿勢を、学生が肌で学ぶ」機会として捉えている。講師は、受け入れ先の各セクションの部長クラスを中心に、特別講師も招聘して 30 名

を超える役職者およびそれぞれの専門分野の社員が講師を担当（兼務）している。
　このように、従来の職場体験とは異なり、観光客に接する現場スタッフからの直接的な学びによって、観光産業の意義や地域就労の現況、観光振興に対する取組みについても幅広く深い学びを得ることが可能となる。

3　実習の実施効果

　本実習においては、実習中、実習終了後、就職活動における進路開拓などの各段階において、以下のような効果があると考えられる。

（1）実習中
- 高品質な接客を提供する旅館において、宿泊業における「和のおもてなし」を実体験できる。
- 鶴雅グループ各専門分野幹部社員による講義を通じて、宿泊業の事業概要、各部門の業務内容が理解できる。
- フロント、ロビー、レストラン、土産店等における現場実習により実際の顧客接遇を経験できる。
- 宿泊業はもとより、運輸業、観光協会の役割、旅行業の商品販売企画等、実践的な知識を習得できる。
- 地域の観光業関係者との交流を通じ、地域における観光業の重要性を肌で学ぶことができる。
- 3週間におよぶ集団生活を通じ自分自身の省察、仲間への気遣いや協調性の大切さを学ぶことができる。

（2）実習終了後
- 実習生活による規則正しい生活習慣や体調管理、挨拶の励行、仲間や周囲への気遣い等ができるようになった。
- 怠学傾向の見られる学生の就学態度に変化が見られ、積極的かつ貪欲な姿勢で授業に臨むようになった。
- 自分自身を省察する機会となり、将来に対してより明確な目標を持ちながら観光を学び、卒業後の進路選択もより具体的に考え、取り組むようになった。

(3) 就職活動での進路開拓

　参加者の多くは、実習、講義で得た経験、関心をもとに観光に対してより明確な目標を抱き、卒業後の進路をより具体的に考える動機づけともなっている。そのことが、ホテル・旅館、航空会社、旅行代理店をはじめとする観光関連産業への就業にもつながっていると思われる。最近の就職先例は次のとおりである。

　【2013年度】日本旅行北海道、JALスカイ、ANA新千歳空港、東京ドームホテル、鶴雅グループ 他

　【2012年度】星野リゾートトマム、東武ホテル、ANA関西空港、グランビスタリゾート＆ホテル 他

　【2011年度】JTB北海道、野口観光、鶴雅グループ、知床グランドホテル、東横イン 他

4　観光人材養成の今後

　この実習には、鶴雅グループと大学における人的・金銭的負担は少なくない。北海道観光の人材育成という理念に基づき今後も継続するためには、北海道観光が抱えた課題として行政が中心となって教育と実社会をつなぐ役割が必要だと考える。

　最後に、今後の課題として加えておきたいことは、現在、北海道観光が抱える課題として、インバウンドの増加傾向に伴うグローバル人材の育成の必要性があげられる。その対応は今後の大きな課題であり、多様な国からの観光客の受入れは、従来の教育では対応が厳しいと思われる。また、みずほ情報総研株式会社が2012年に実施した「大学におけるグローバル人材育成のための指標調査報告書」[3]によると、約5年後の新卒採用計画におけるグローバル人材候補の割合は、宿泊業と飲食サービス業が52.9％と最も高く、2012年度と比較しても大幅なグローバル人材の需要が見込まれると予測される（表12-1参照）。

　このことから、社会における経済や企業のグローバル化に伴い、観光産業界から求められるグローバル人材の育成について、大学におけるカリキュラムや学部教育の再検討が急務であると考えられよう。観光人材養成実習においても、観光人材育成のための内容の再検討が必要だと考えている。

表 12-1 「グローバル人材」候補の割合

業種（大分類）	2012 年度		約 5 年後		増減
建設業	16.0%	(N=29)	19.6%	(N=18)	3.6pts
製造業	20.5%	(N=139)	20.4%	(N=97)	▲0.1pts
情報通信業	29.9%	(N=33)	29.0%	(N=25)	▲0.9pts
運輸業、郵便業	19.1%	(N=56)	27.9%	(N=38)	8.8pts
卸売・小売業	9.3%	(N=53)	12.2%	(N=42)	2.9pts
金融業、保険業	12.6%	(N=74)	5.8%	(N=48)	▲6.8pts
宿泊業、飲食サービス業	9.8%	(N=27)	52.9%	(N=21)	43.1pts
生活関連サービス業、娯楽業	16.7%	(N=9)	0.4%	(N=6)	▲16.3pts
教育、学習支援業	30.2%	(N=13)	20.0%	(N=6)	▲10.2pts
医療、福祉	4.3%	(N=26)	0.0%	(N=15)	▲4.3pts
複合サービス事業	0.0%	(N=3)	0.0%	(N=3)	0.0pts
サービス業（その他）	6.1%	(N=48)	45.7%	(N=32)	39.6pts
全体	16.2%	(N=523)	21.4%	(N=360)	5.2pts

(出所) みずほ情報総研株式会社 (2012)

【注】
(1) リクルート (2009)『カレッジマネジメント』158 号、43 ページ。
(2) じゃらんリサーチセンター (2012)『じゃらん宿泊旅行調査2012』2011 年 4 月～2012 年 3 月において実施した宿泊を伴う国内旅行について 20～79 歳の男女に調査した。
(3) みずほ情報総研株式会社 (2012)『大学におけるグローバル人材育成のための指標調査報告書』2012 年 2 月 7 日～2 月 29 日に実施した。回収率は 841 社で 16.8% であった。2011 年度中小企業産学連携人材育成事業。

II　ゼミ活動を通じた PBL 実践の効果と課題
——（株）リクルート北関東マーケティングからのミッション

坪井 明彦（高崎経済大学）

1　はじめに

　本節では、（株）リクルート北関東マーケティング（以下 RKM）からの依頼に基づいて、筆者のゼミの 3 年生が 2011 年 11 月から 2012 年 11 月[1]に実施した Project-Based Learning（以下 PBL）について、取り組みの経緯と概要、効果と課題について述べる。
　なお、筆者はこの PBL の依頼に前に、汎用能力育成のための指導法についての

共同研究を行っていた[2]。そこからの知見として、PBL を設計・実施・評価・改善するために教員側に必要な能力とは何かに関して、以下の能力が必要であることが明らかとなった。

(1) 課題をコーディネートする力
　①プロジェクト・マネジメント・スキル（交渉力・調整力・成果に結びつける力）
　②受け入れ先とつながる力（学外への視点、受け入れ先との信頼関係構築）
(2) 学生に対するマネジメント能力
　①ほったらかし加減（ファシリテーション・スキル）
　②学生の意欲を高める力（事前学習の実施。学生との信頼関係の構築、リフレクションを促す力）

したがって、この PBL を実施するに当たっては上記の点を意識しながら、依頼側との調整や学生指導に取り組んだ。

2　本取組の経緯と概要

2011 年 10 月に RKM 新事業企画室室長から依頼があり、11 月に前橋市および高崎市の外食に関する定量調査結果の RKM からの報告の後、感想や活性化のポイントについて RKM 社員と学生でグループワークを行った。その上で 2012 年 1 月に筆者のゼミの 2 年生[3]に対して、社長からのミッションとして「この街の活性をささえる中心市街地活性化の担当者として、この街の人たちの外食消費のリアルな姿を調査して報告してもらいたい」という課題が提示された[4]。「ターゲットを『居酒屋』『飲食店』に置いて、そのお客さんが『どれくらいのお金を使って』『どんな希望を持って』『どんなものを頼み』『どんな満足や不満があるか』を丁寧に把握することが重要」という指摘はあったものの、誰を調べるか、どのような内容・項目をヒアリングするか、どのようにアウトプットするか、報告をまとめるかに関して、すべて自分たちで決めるというこれまで経験したことのない課題であった。

当初は、課題提示の翌週に、①調査対象者の決定とその理由の説明、その翌週に②対象者の何を明らかにするのか、何をインタビューするのか、どのように聞くのか、インタビュー結果をどのようにレポートにまとめるのか等の決定を予定していたが、実際に調査対象者が決定したのはその年の 5 月初めであった[5]。最終的に、調査対象者は高崎市在住または在勤[6]の 20 ～ 34 歳の、月に 1 回以上飲酒を伴う外食をしている社会人の女性ということになった。その後の流れとして

表12-2　「自分たちの街の元気を考える」調査報告会の概要

挨　拶：リクルート北関東マーケティング社長
第1部：RKM 岩崎隆［来店消費調査］群馬県・街の活性化に関する調査報告——前橋市・高崎市飲食店・ビューティーサロンの利用実態調査
第2部：坪井ゼミナール［街の外食実態調査］群馬のF1飲食シーンの実態報告 外食の実態、バリエーションを調査する——人はなぜ外食するのか
第3部：伊藤ゼミナール［街の活動事例の報告］青森・山形・川越エリアレポート 街おこしに奮闘している元気な事例をレポートする！！
御挨拶　前橋市商工観光部部長

は、5月上旬の調査対象者決定後にインタビューに取り掛かり、5月末に中間報告、6月末学内最終プレゼン、9月上旬[7] RKM、リクルート社など約20名の社員に対してのプレゼン[8]、11月14日「自分たちの街の元気を考える」調査報告会（リクルート北関東マーケティング×高崎経済大学地域政策学部産学連携プロジェクト〔前橋市共催[9]〕会場：前橋元気プラザ21）において、発表20分質疑15分の報告を行った。調査報告会の概要は表12-2の通りであり、学生にとっては大きな舞台であった[10]。

当日の発表は、「群馬のF1[11]層の来店消費傾向と6つのタイプ」というタイトルで、①研究の経緯、②調査概要、③調査対象者の選定理由の根拠、④群馬F1層の傾向、⑤6つのタイプ、⑦タイプ別出現率、⑧群馬女子6つのストーリー（ペルソナ作成）[12]、⑨街の活性化のための提案という内容で構成され、教員としては非常に優れたものだったと評価している。

学生も達成感・満足感ともに感じており、教員・RKMともに、満足する、あるいは感動するぐらい、プレゼンテーションの内容やスキルも初期と比べて向上しており、出席者のアンケート結果からも高い評価を受けていた。この取り組みは、プロジェクトとしては、大きな成功をおさめたと評価できる。

3　PBLとしての評価——学生の能力の伸長という点からの考察

（1）調査方法

プロジェクトとしては大きな成功をおさめたが、PBLとして成功したかどうかは別の問題である。PBLとして評価すると、学習効果、つまり、この課題に取り組んだ学生の能力が伸びたか否かという観点から評価しなくてはならない。

そこで、この課題の学生自身による振り返りと能力の伸長度合いの測定を兼ねて、「自分たちの街の元気を考える」調査報告会の約1か月後に振り返りシートを

配布し、演習時間外に各自で記入してもらい、後日回収した。
　質問項目は以下の通りである。
　①このプロジェクトによって、どの程度、自分の能力に変化があったか。基準コンピテンシーセルフチェックシート[13]を使って、プロジェクトの実施前・実施後両方の能力を選択してください。38項目の能力に関してプロジェクトの実施前後で比較してください。
　②このプロジェクトに対して、どの程度頑張ったか。自分がこれまで生きてきた中で一番頑張ったことを100%とすると、今回の頑張り度合い（「身の丈を超えた経験」度合い）は何％か？　また、今までで一番頑張ったことは何か。
　③このプロジェクトに対するメンバー（自分を含めて）の貢献度合いを評価してください（合計110点、平均10点となるようにしてください）。
　④自分のどんな能力が伸びたと思うか。また、その能力の伸びは、このプロジェクトの中のどのような活動や苦労の結果、伸びたと思うか。
　⑤このプロジェクトで、自分にとって、一番苦労したのはどのようなところか。また、どのような点で頑張ったか（成果にどのような点で貢献できたと思うか）。
　⑥このプロジェクトの活動は、今後の自分にとって、何か役立つと思うか。この活動によって、何を得たか。

（２）調査結果
・能力の伸長
　能力の伸びた人数も多く、伸長（実施前後の変化）度合いの平均も大きかった能力[14]は、以下の通りである[15]。
　①役割理解・連携行動（集団の中で自分の役割を果たしつつ、周囲と協力する）
　②情報共有（自ら進んで情報を周囲に伝え、周囲からも有用な情報を得る）
　③意見を主張する（意見が対立しても妥協せず粘り強く主張することができる）
　④独自性理解（自分の長所・短所を把握し、物事に取り組むことができる）
　⑤主体的行動（任されたことを自分で判断しながら、物事に取り組みことができる）
　⑥完遂（何事も途中で投げ出さない。粘り強く最後までやり遂げる）
　⑦本質理解（思い込みや憶測をこだわらず、客観的に情報分析し、考察できる）

・能力の伸長に対する貢献度と身の丈を超えた経験度合いの関係

　学生11人の成果への貢献度に関しては、非常にバラつきが大きく、3名の中心的メンバーとその他大勢という関係が成り立っていた[16]。特に、ゼミ長でこの課題のリーダー的存在だった学生の貢献度は非常に高かった[17]。また、身の丈を超えた経験度合いに関しても、100％を超えていたのはゼミ長ひとりであった[18]。また、能力の伸長（に関する認識）[19]は、貢献度よりも、自分の今までの経験との関係（身の丈を超えた経験度合い）による影響が大きかった。つまり、今まで経験がなく、やったことがない要素、能力が低い項目の経験をさせることで、能力（自己評価）を伸ばすことができると推察されるが、逆に言うと、できる人にできることをやらせても、能力は伸びない。能力に見合った役割分担をすることは、必ずしも、能力の伸長には役立たない可能性があるということにも注意が必要である。

（3）課題

　このPBLの課題としては、メンバー間の貢献度のバラつきの問題があげられる[20]。教員としては、リーダー的存在の人たちのリーダーシップ育成を重視した結果ではあるが、判断が難しい問題である。また、プロジェクトの成功と個人の能力の伸長は別問題であるので、プロジェクトの成功とPBLの成功のバランスをいかに保つかということも、難しい問題である[21]。そのほか、このPBLに熱心に取り組むあまり、早朝まで議論し、昼間の講義を欠席するというような事態も見られた。

4　おわりに

　最後に、このPBLの成功要因としては学生の意欲という部分が極めて大きいと感じているが、それに対してはRKMの本気度が学生に伝わったということが大きい[22]。RKMに感謝したい。

【注】
(1) 正式な演習の単位は3年次からであり、2012年3月まではゼミのメンバーは決定しているが履修単位にはなっていない。
(2) 坪井明彦、池内健治、大島武、椿明美、見舘好隆（2011）『汎用能力の指導法――研修プログラム開発と教材開発を中心に』全国大学実務教育協会.

(3) 11名の取り組みである。
(4) この時点では、「この街の人気のお店のリアルな姿を調査する」という課題も提示されていたが、実行段階でのスケジュールの問題で、1つの課題となった。なお、こちらの課題に関しては、2013年度に当時の3年生が実施している。また、報告会の日程は7月の予定であった。
(5) RKMの（暗黙の）意向としては若い女性を対象としてほしいということは教員（筆者）には伝わっていたが、学生たちが当初選定したのはファミリー層であった。その後、調査対象者の再設定の話し合いを行い、3グループに分かれ、①20～34歳男性の居酒屋での飲食、②20～34歳の女性の中心市街地での飲食、③頻度高く飲食するという条件以外は絞り込まず、居酒屋・居酒屋以外の飲食店×中心市街地・郊外飲食店を網羅するという3つの案が出され、春休み中に予備調査を行い、その結果をプレゼンテーションし、調査対象者を決定することとなった。
(6) 当初は高崎市在住としていたが、群馬県は車社会で通勤に自動車を使う人が多く、条件に合う女性を探すのが困難であったため、高崎市在勤も加えた。学生・教員・RKMの人脈を駆使しても、条件に合い、インタビューに協力してくれる人を探すのは難しく、最終的な調査人数は30名ほどであった。学生がインタビューに不慣れなこともあり、1名あたり1時間から3時間ほどかかっている。
(7) 当初は8月上旬に予定していたが、学生からの要請で9月に延期された。延期要請の理由は、8月上旬では自分たちが満足できる内容に仕上がらないということであり、（教員としては延期要請に否定的であったが）教員からRKMに伝えたところ受け入れられた。
(8) その際の学生のプレゼンは、教員としては期待した水準以上の内容であったが、街の活性化のための提案という部分で、RKM社長やリクルート社の社員の方々から厳しい意見を出された。学生たちにはこれまで要求されたことのない高い水準（ビジネスの現場で実際に活用できる水準）での意見や要望であった。また、教員としては、「要求された課題はこの街の外食消費のリアルな姿の報告なのだから、街への提案まではいらないのではないか、調査結果から街への提案に結びつけるのは困難ではないか」と意見したが、学生からは「商工会議所や行政に報告する以上は街への提案は必要ではないか」という趣旨で、「街の活性化のための提案」を加えたが、調査結果と関連が不明で具体性に乏しい提案になってしまった。教員としては「私が要求したレベルは超えていたけど、企業の人が求めるレベルは高い」といった言葉をかけ、フォローした。
(9) RKMからの要請で、9月末に活性化案を提案する街が高崎市から前橋市に変更された。
(10) 出席者はRKM、リクルート社、行政関係者、商工会議所、商店街関係者、飲食店主、大学関係者など約100名で、この模様は当日の地元テレビ局群馬テレビの夕方のニュース番組、11月23日の群馬経済新聞、12月13日の上毛新聞でも紹介された。
(11) 20歳から34歳の女性。
(12) インタビュー結果から、6つのタイプの特徴を見出し、そのタイプごとに飲酒を伴う

外食が行われる1日を物語として作成している。当日の発表では1つのタイプの物語のみ朗読した。配布資料には6つのタイプすべてが含まれている。
(13) 坪井明彦、池内健治、大島武、藤原由美、見舘好隆 (2009)「初年次教育におけるアクティブラーニング実践法――能動的に学習できる学生にしよう」日本ビジネス実務学会2008年度教授法助成研究。
　　38項目の能力に関して、1から9点で測定している。例えば、役割理解・連携行動（集団の中で自分の役割を果たしつつ、周囲と協力する）という項目では、
　　1点：自分と異なる意見や価値観を持つ人とは付き合わない方だ
　　3点：自分と異なる意見や価値観に出会った場合、戸惑いながらも理解しようとする
　　5点：自分と異なる意見や価値観を尊重し、柔軟に受け入れることができる
　　7点：自分と異なる意見や価値観を柔軟に受け入れ、自分の考えの幅を広げるよう心がけている
　　9点：自分と異なる意見や価値観を柔軟に受け入れ、自分の考えの幅を広げながら積極的に人間関係を広げていくことができる
という尺度となっている。
(14) 人数では11人中6人以上かつ伸長度合いの平均では1以上とした。
(15) このプロジェクトのどのような活動や苦労の結果、能力が伸びたかに関する学生のコメントは紙幅の都合で省略する。
(16) 自己評価と11人の評価の平均の両方が10以上の者はこの3名のみであった。
(17) 自己評価24、11人からの平均18.7であった。しかし、教員としてはさぼっていた人が多いということではなく、この3名が非常に頑張ったという評価である。
(18) 120％と評価している。中心的存在の他2名は、共に80％と評価している。比較対象は、中学時代の吹奏楽部部長（部員80名）、大学の美術部幹事長である。一方、ゼミ長が120％と評価した比較対象は、高校時代の弓道部（部長などではない）であった。
(19) 能力（および能力の伸長）に関する自己評価は、自己効力感・楽観性にかなり影響されている可能性がある（自己効力感・楽観性を高く評価した人〔貢献度が高いわけではない〕が、能力の伸長や実施後の能力を高く評価する傾向があった）。よって、能力および能力の伸長に関する（特に個人別の）測定は、自己評価のみでは限界がある。また、能力の伸長に関しても、今回は、単に38項目の伸長の合計ポイントを使用し考察しているにすぎない。
(20) 中心的メンバーの「反省点としては、自分が頑張るのではなく、全員で協力してできるようにもっと積極的に呼びかければ良かった」というコメントもあった。メンバー間の貢献度のバラつきは非常に大きかった。しかし、教員としては正課外ということもあり、貢献度の低いメンバーへの対処も学生たちに任せ、基本的に介入はしていない。
(21) 「失敗から学ぶ」ということを考えると、プロジェクトとしては失敗でもPBLとしては成功ということもあるだろう。
(22) ①大学への社長の来訪、②新事業企画室室長やホットペッパーグルメリサーチセン

ター・エリアプロデューサーなど毎回3～4名のRKM関係者が何度も大学を訪れ指導してくれたこと、③RKM、リクルート社向け学内プレゼンには、約20名の参加があり、厳しい意見やアドバイスをいただいたこと、④学生が作成したペルソナは「実際に営業に使う、使える、使っている」という言葉など、RKMの本気度が伝わるには充分であった。

Ⅲ 大教室での専門教育におけるアクティブ・ラーニングの取組みの一試論

加納 輝尚（富山短期大学）

1 富山短期大学における「主体的な学び」を促す取組み

富山短期大学は、富山県における「地域社会の発展に貢献する人材を育成する教育機関」として、「食物栄養」「幼児教育」「経営情報」「福祉」の4分野で、「人間性」「実践知」「実践力」を身に付けた有為な人材を輩出してきた。しかしながら、2年間という短い期間で、就職活動も行いながら、学生がこれらの能力を十二分に備えるには、教員が組織的な取組みを強力に推進し、より効率的・効果的な教育を実現する必要がある。本学では、この中長期的な教育改革目標を実現し、全学的に「主体的な学び」を促すためのプラットフォームとして、2012年度文部科学省の「私立大学教育研究活性化設備整備事業」として採択された「Webシラバスシステム」を構築してきた。本システムは、すべての授業の内容（授業計画書）をインターネット上におき（http://ws.toyama-c.ac.jp/）、e-Learning機能を含めた授業の教材や予習・復習課題、参考資料等を添付あるいはリンクさせることで、インターネットに接続できる環境であれば、PCだけでなくスマートホンやタブレット等の通信端末からいつでもどこでも自学自習や協働学習を行えるようになっている。本節は、この「Webシラバスシステム」を専門教育（簿記会計）に積極的に利活用し、学生の「主体的な学び」を促し、より効率的・効果的な専門教育を推進しようとする取組みの一試論である。

2 Webシラバスシステムの特徴

本システムの特徴を、主として学生側の観点から整理すれば、

①Webシラバスシステムにアクセスし、学生は自ら予習・復習し、小テスト、課題レポートの提出などを行うだけでなく、リンクしている関連授業科目やインターネット上の参考資料・統計等に簡単にアクセスできる。そしてそれらを利活用することで、「主体的な学び」を広げ、深めていくことができる。
②Webシラバスシステム上におかれている教育課程の体系図やカリキュラム・マップにおいて、関連授業科目や資料等へのアクセスが容易で、学生は知識や概念を関連付けて、体系的に理解することが可能となり、学修への興味・関心が高まる。
③予習・復習について、具体的な内容が提示されると同時に、それらに必要な標準時間が明示され、単位の実質化につながる。
④各回の授業及びその復習で、小テストや課題レポート等が課され、学生自らが学修の進捗度合いを確認し、「主体的な学び」への動機づけになっていることが期待される。
⑤成績評価方法（定期試験等）別・学修成果別に得点配分が明示され、ルーブリックによって学修成果別の到達度が具体的かつ詳細に示されたことにより、当該授業の到達目標が明確になったため、教育効果が高まることが期待される。

一方、教員側の観点から本システムの特徴を整理すれば、

①e-Learning機能を利用して、各回の授業における学生の理解度・関心度・授業への参加度を確認するアンケートとミニッツ・ペーパーが実施できるようになった。これによって、学生の理解度・関心度・授業への参加度に応じた形で、授業の内容や方法の改善を図れるようになった。
②e-Learningによる課題提出機能を利用して、リアル・タイムの双方向授業が格段に容易になり、学生の理解度・関心度・授業への参加度を高める上での効果が期待できる。
③授業の講義資料、予習・復習内容、テスト内容及びテスト結果等が学科の教員に可視化され、e-Learning機能により、到達目標の達成度等も共有される。これにより、教員間で互いの授業に関する情報の共有が可能となり、教育課程の体系化と教員の組織的な取組みを大きく前進させうるものとなっている。

3　Webシラバスシステムを用いたアクティブ・ラーニングとしての専門教育

　昨今、いわゆるアクティブ・ラーニングによる学修の定着度向上が叫ばれているが、専門教育はその性格上一方通行の講義になりがちである。特に本学科において配置されている簿記会計の専門科目のように、検定の合格を授業目的の一つにするような場合、知識・スキルの一方的な伝達（受動的受講形態）になりがちな状況が少なからず存在している。

　そのような中、2013年度、本学経営情報学科が他学科に先行してWebシラバスシステムを導入する運びとなった。その際、上述したような課題の存在から、特に本システムの「学生とのコミュニケーション機能」が注目に値した。

　アクティブ・ラーニングは広義にとらえた場合、講義をただ座って聞くだけの100％受動的な学び以外の何らかの能動的な学びが加味された学びのスタイルと定義できる[1]。したがって、本システムを学生とのコミュニケーションツールとしてとらえ、学生が取り組んだアンケートやe-Learningの結果を、教員が授業等で学生にフィードバックし、それらに関しメールなどでやりとりを行うことで学生の「主体的な学び」を促す形態は、アクティブ・ラーニングと言って差し支えないだろう。以下で、具体的に本システムを簿記会計の授業に導入した場合の取組み内容等を見ていきたい。

4　Webシラバスシステムの専門教育への導入

　本学科における2013年度の1年次に配置する簿記会計の専門科目は、アクティブ・ラーニングとして実施した。

　すなわち、Webシラバスシステムを利活用することにより時間的・空間的な制約を一定程度外して、学生との積極的なコミュニケーションを図り学生の「主体的な学び」を促すことで、限られた修業年限でより効率的・効果的な専門教育を推進しようとする試みである。

　なお、本システムは設計段階で、e-Learningに簿記会計特有の問題形式（仕訳フォーマット）を取り入れた。以下で、本取組みの内容を整理した。

　① 対象授業：2013年度 前期専門必修科目「会計学Ⅰ」及び2013年度 後期専門必修科目「会計学Ⅱ」（いずれも1年次配置科目）。

　② 対象学生：2013年度入学生128名

　③ アクティブ・ラーニングの取組み：Webシラバスシステムを教員とのコミュ

図 12-1　Web シラバスシステムにおける仕訳問題形式の e-Learning

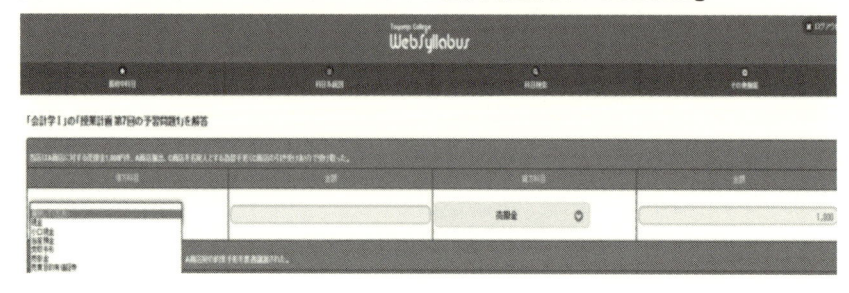

　ニケーションツールとして積極的に用い、学生の「主体的な学び」を促す。すなわち学生はアンケートなどに取組む一方、教員は適切な指導（授業におけるフィードバックやメール等のやりとりなど）を行い、時間的・空間的な制約を一定程度外して、学生との積極的なコミュニケーションを図る。また学生は、Web シラバスシステムにアクセスし、自ら予習・復習し、小テスト、課題レポートの提出などを行うだけでなく、リンクしている関連授業科目やインターネット上の参考資料・統計等に簡単にアクセスし、「主体的な学び」を広げ、深めていく。

　特に学生は、重要論点の仕訳問題を e-Learning 上で解答し（与えられた語群から適切な勘定科目を選択し、貸借の金額は自分で入力する形式〔図12-1〕）、自動採点機能を活用して、翌週の授業の際に行われる仕訳テストで高得点がとれるよう、PC、スマートホン及びタブレット端末などで反復学習を行う。一方で教員は、本システム上で可視化される e-Learning の採点結果や学修時間等の学修到達度を把握し、授業におけるフィードバックやメール等でやりとりすることにより学生に指導を行う。なお、Web シラバスシステムの利活用以外の教育環境は基本的に前年度と同一とした。

5　Web シラバスシステムの専門教育への利活用に関するアンケート結果

　Web シラバスシステムを、前出の対象授業に利活用した場合の教育効果に関し、アンケート調査を行った（実施日：2014 年 2 月 3 日〔後期試験時〕、アンケート有効回答数：対象学生 128 人〔有効回答率 100％〕）。その結果を図 12-2 に示す。
　これを見ると、全体として Web シラバスを利活用した学生は、簿記会計の習熟

図12-2 Webシラバスの利活用に関するアンケート調査結果

【質問】
【問1】 Webシラバスを使用した人にお尋ねします。それを使用しなかったと仮定した場合より、簿記会計の習熟度は向上したと思いますか。（a：そう思う　b：まあ思う　c：どちらともいえない　d：あまり思わない　e：思わない　f：使用していない）
【問2】 e-Learning（仕訳テスト）を使用した人にお尋ねします。簿記会計（仕訳）の習熟度は向上しましたか。（a：向上したと思う　b：まあ向上したと思う　c：どちらともいえない　d：あまり向上しなかったと思う　e：向上しなかったと思う　f：使用していない）
【問3】 授業の理解度アンケートに回答した人は、自分の勉強のプラスになったと思いますか。（a：そう思う　b：まあ思う　c：どちらともいえない　d：あまり思わない　e：思わない　f：使用していない）
【問4】 その他感想欄に意見などを書いた場合、教員（加納）からのフィードバック（返信メール、回答、コメント、雑談等）は、簿記会計の習熟度にプラスの効果はありましたか。（a：あったと思う　b：まああったと思う　c：どちらともいえない　d：あまりなかったと思う　e：なかったと思う　f：使用していない）

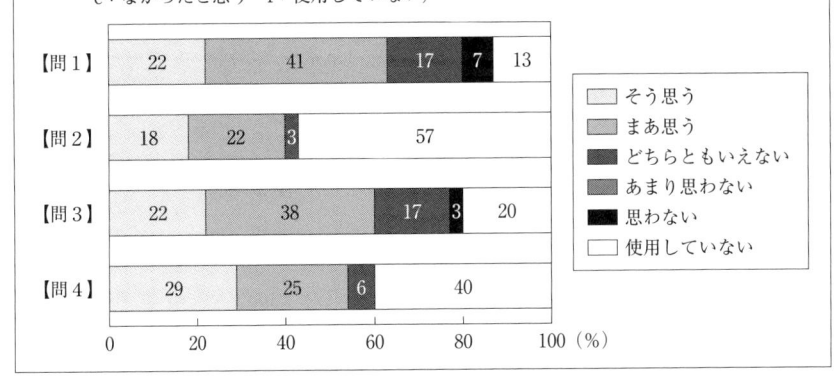

項目	そう思う	まあ思う	どちらともいえない	あまり思わない	思わない	使用していない
【問1】	22	41	17	7		13
【問2】	18	22	3			57
【問3】	22	38	17	3		20
【問4】	29	25	6			40

度が向上したことが伺える。すなわち、Webシラバスやe-Learning（仕訳テスト）を使用した学生の7割以上が、「簿記会計（仕訳）の習熟度に一定の向上がみられた」と肯定的な意見を述べており、その他欄（感想欄）に質問や意見を書いたことのある学生の約9割が、「教員（加納）からのフィードバック（返信メール、回答、コメント、雑談等）は、簿記会計の習熟度に一定のプラスの効果がみられた」と肯定的な意見を述べている。

なお、本対象授業の最終目的の一つである日商簿記検定3級に合格した学生は、2012年度入学生43名（38.7%）から、今回対象となった2013年度入学生74名（57.8%）へと19.1ポイント増加している。

6　まとめ

　学生は所有する通信端末等で、大学の外からも常時 Web シラバスにアクセスし、e-Learning 等を通して「主体的な学び」を深めていくことができるようになった。

　そして、コミュニケーションツールとしての Web シラバスシステムの積極的な利活用を通して、大教室での一方通行の講義形態では達成が困難な、時間的・空間的な制約を一定程度外した学生の意見表明や質問の機会を保証することが可能となった。また教員は、これまで把握することが困難だった各回の授業における学生の理解度・関心度・授業への参加度や質問などを、一定量の可視化された情報として把握できるようになった。そしてそれを授業や指導に、直接あるいは間接的に何らかの形でフィードバックし、学生との積極的なコミュニケーションを図り、学生の「主体的な学び」を促す機会をより多く提供できるようになった。

　したがって、これらの点から、本システムを積極的に利活用したアクティブ・ラーニングにより、大教室内での専門教育（簿記会計）をより効率的・効果的に行うことが可能になったといえるだろう。

　今後の課題は以下の点である。

　アンケート結果から、そもそも e-Learning（仕訳テスト）を含む Web シラバスシステムを使用していない学生が一定割合存在した。今後、授業等で本システムを利活用して学修を進める指導を強化し、授業アンケート等の実施率をあげる為に、現在別手段により実施している出欠確認を、授業終了時に本システムのアンケートに一斉記入させるといった形に代替していくことなどが考えられる。また、Web シラバスシステムを閲覧できないタイプの通信端末を所有している学生への対応も必要である。加えて今後は、常勤・非常勤教員問わず、全学的に本システムを積極的に利活用できるような体制にするための FD 活動の推進が必要である。さらに、学修成果の到達度や教育改善のためのアウトプットを整備・可視化した学修成果評価システムの構築や、第三者評価を PDCA サイクルに反映させる仕組みの構築を図っていくことが課題である。

【注】
(1) 河合塾編著（2013）、6ページ。

【主要参考引用文献】
・加納輝尚（2014）「Webシラバスシステムを活用した双方向コミュニケーションによる簿記教育上の効果に関する研究」（富山第一銀行奨学財団 第30回助成研究成果概要報告書）
・河合塾編著（2013）『「深い学び」につながるアクティブラーニング——全国大学の学科調査報告とカリキュラム設計の課題』東信堂
・中央教育審議会（2012）「新たな未来を築くための大学教育の質的転換に向けて——生涯学び続け、主体的に考える力を育成する大学へ（答申）」
・中央教育審議会大学分科会大学教育部会（2012）「予測困難な時代において生涯学び続け、主体的に考える力を育成する大学へ」（審議まとめ）2012年3月26日
・富山短期大学（2012）「平成24年度『私立大学教育研究活性化設備整備事業』申請書」

Ⅳ　地域の産業と連携した就業力育成のための高等教育機関における教育事例

奥村 実樹（金沢星稜大学）

1　はじめに

　本節は、元々は、2005年に金沢大学を中心とした「いしかわ大学連携促進協議会」（現　大学コンソーシアム石川）において企画され、2006年度からシティカレッジ科目として実施されたキャリア形成科目を、現在、筆者の所属する金沢星稜大学の教養ゼミ（2年次）にて実施している事例を紹介し、その教育効果について考察することを目的としている。学生が在籍する「学」、協力企業の「産」、その両者の橋渡しをする「官」といった協力体制のもとに生まれたこの教育事例は、今年で9年目を迎えるのであるが、「地域」をキーワードにしながら、筆者の所属する大学はもちろん、石川県内でもユニークな存在である当該科目を取り上げ考察していきたい。

2　基礎ゼミナール（2年次）における地域の企業を学習対象とする取り組み

　金沢星稜大学では、1年次と2年次に開かれるゼミナールを「基礎ゼミナール」と呼び必須科目として設定している。受講者を1年次が約18人、2年次が20人を上限に設定している。2013年度までは、通年科目として設定されていたが、2014年度からは、前期分が「基礎ゼミⅢ」、後期分が「基礎ゼミⅣ」という、セメス

ター制で実施される。授業内容は、1年次では全教員共通のテキストとシラバスにより進めていくのであるが、2年次では、各担当教員の専門性に応じた授業を展開することができる。

　筆者は、1年次で学んだ経営学の知識を経営管理や経営戦略を中心に復習しながら、北陸地域の企業について学ぶことをねらいとしてきた。そのため、石川を中心とした北陸の企業をケーススタディとして取り上げている。学習方法としては、担当教員である筆者が、昨年度に、同じ基礎ゼミナール（2年次）を担当した際に用いて一定の成果を得られた協同学習方法（TBL＋反転学習）を用いる予定である[1]。

　また、今年度は、石川県に本社を置く企業の若手社員にインタビュー（夏期休暇中に実施予定）をすることで、自分自身の働く姿をイメージし、地域社会を中心に将来について考えるという、キャリア形成的教育要素を持たせる予定である。そのインタビューでは、4人のグループを5つ作り、彼らに自主的に企業との訪問内容や日時の交渉、そして、実際の訪問・取材をおこなわせるよう企画していく。

　年間を通した計画は以下のようになる。前期の期間に当たる4～6月期に、北陸の企業をケーススタディに企業経営について学ぶ。7月期は、企業訪問を念頭においたマナー講座や、一般的なキャリア教育で用いられる自己分析などについて、ジョブカフェ石川から講師を派遣してもらい授業をおこなう。また、4～6月期の授業も踏まえ、夏期休暇中に企業取材を申し込む石川県の企業の選定をおこなう。続く、夏期休暇中に実際の企業訪問をおこない、そこでの取材内容（若手社員へのインタビュー記事）から、「働くとはなにか」という問い解決のためのヒントとなるような記事にまとめていく。その記事は、ジョブカフェ石川のウェブページ内にある業界・企業研究のための企業情報データベース『いしかわ元気企業ナビ＋』にある、個別企業の詳細ページにおいて、基本項目である「会社概要」内に「働く先輩の話を聞こう！」として全て記載される。また、同時に、ジョブカフェ石川のトップページから直接つながる「業界研究／企業研究」からも、「働く先輩の話を聞こう！」という見出しのもと、次の紹介文（"働く"ってどういうこと？　就職活動は自立への第一歩。人生の転機。〔中略〕県内の大学生たちによるインタビュー報告を皆さんの「就活のヒント」にしてください！）と、写真により学生の取材記事がまとめて特集として見られるようになっている[2]。

　10～12月期は、学生達がおこなった若手社員へのインタビューを、ジョブカフェという公的な機関のウェブ上で公表できるに足る完成度にするために、そのた

めの、社会人マナー、インタビュー技術、編集能力などを修得する。また、影響力の大きい公的なウェブサイトへの掲載ということもあり、企業から、記事や写真の確認ならびに修正要求、その修正に対する確認の要請が来る。それらを学生が応対することで、社会マナーはもちろん、相手のニーズの正しい把握など、コミュニケーション能力の全般的な向上が見込まれる。

　本授業の履修により、学生が身につけられることとして、以下のものが挙げられる。まず、学習内容から得られる知識的なものとしては、①経営学的視点の理解、②経営学知識の復習、③石川を中心とした北陸地域の特徴の理解（経営環境として）、④北陸地域の産業的特徴の理解、がある。次に、実習的な学習によって得られる姿勢や能力的なものとして、①聴き考える姿勢の修得、②読む姿勢・能力の獲得、③質問に的確に答える能力の獲得、④質問を考えて、適切にする能力の獲得、⑤報告準備能力ならびに報告能力の獲得、⑥上記したインタビュー企画に絡む諸能力の獲得、が挙げられる。

3　働くってどういうこと？——プレ・インターンシップ

　本科目は、高まるキャリア教育への要望に応えるために、2006年当時、いしかわ大学連携促進協議会（現コンソーシアム石川）の企画調整部会委員長であった金沢大学の田中一郎教授を中心に、同協議会が運営するシティカレッジによる単位互換授業として2006年度から始まった夏期講座が、その始まりである[3]。本科目を1、2年次の学生を目的として開講した狙いには、キャリア教育が手薄となりやすい1、2年次の学生に対し、その就業意識の向上や社会人基礎能力の習得を目指しつつ、3、4年次の専門課程における主体的な学習を促すことがあった。担当教員は、先の金沢大学の田中一郎教授と筆者が初年度から務め、その実際の授業運営には、テキストとして用いる資料作成から、自己分析やビジネスマナーの指導を初め、その多くを、大学生のキャリア教育に対して多くの実績を持つジョブカフェ石川にご協力いただいた。

　授業は、大きく次のように構成された。まず、8月上旬の3日間に集中講義形式で、①インターンシップとは、②自己分析、③業界・職種研究（複数の企業から若手社員・人事担当者を招き）、④ビジネスマナーの順に学んだ。次に、そこで学んだことを活かして、グループごとに石川県の企業数社へ出向き、企業訪問並びに若手社員への取材をおこなった。最後に、その取材内容を、自身の職業観も踏まえ各自

レポートにまとめさせた。それらの中の優秀作はジョブカフェ石川のウェブページに掲載した。以上の活動を踏まえ、9月下旬に、グループごとにパワーポイントを用いプレゼンテーションをおこなった。以上の過程での、企業取材（企業の選択、アポイントメント、写真撮影等）は、可能な限り学生達の創意工夫が活きるように任せた。

当時の授業評価アンケートから同授業の目的と関連する項目の評価を取り上げると（回答者13人）、『働くということに対するイメージが得られましたか』との問いに、6人が「得られた」、7人が「まあまあ得られた」で、「どちらとも言えない」「あまり得られなかった」「得られなかった」は0人であった。また、『卒業後の進路（就職）を考える上で有益でしたか』との問に、8人が「有益である」、5人が「まあまあ有益である」と回答し、「どちらとも言えない」「あまり有益ではない」「有益ではない」は0人だった。また、『受講したことで卒業までの勉学についての目標が得られましたか』との問いには、5人が「得られた」、同じく5人が「まあまあ得られた」で、「どちらとも言えない」「あまり得られなかった」「得られなかった」との回答がそれぞれ1人だったが、その理由は、「元々今年就職する気がないので」「結局自分の人生」と個人的なもので、幸い肯定的な評価が大半を占めた。

また、自由記述型の感想では、「企業の内面を実際に見ることができて、自分の想像やイメージを良い意味で壊すことができた」「いろいろな今まで会ったことのない方々と話し、意見を聞けたことは、今後また他人と関わるとき、また、大学で授業を聞くときにも活かしていけると思う」「働くということに対しての不安が少し消えて、自信につながった」といった声が挙がった。これらからも、企画・主催側の当初の目的は、一応果たすことができたのではと考えられる。

4　おわりに

以上見てきたように、初年次教育という概念もまだなかったころに、大学では1、2年生、短期大学では1年生を対象としたキャリア形成に役立つ科目として産官学協力の下に生まれた本科目が、「キャリア教育」が大学教育として当たり前のように語られるようになった現在においても、「公的機関のウェブサイト作成を通して、企業と学生の共同作業を後押しする」というイベントを内在することにより、独自の教育効果を持ち続けていることが指摘できよう。また、そこには、「産」である

企業にとっては、公的なウェブサイトの自社ページの充実とそれを見て入社を希望する学生が生まれる可能性が、「官」であるジョブカフェにとっては、自身のウェブサイトの充実が図られ、「学」である大学にとっては、その活動を通し、企業やジョブカフェのニーズを的確に把握し実行するという態度・能力形成による教育効果が期待できた。各関係者が得をする、いわゆる Win-Win な関係も築いていける試みと言えるだろう。

【注】
(1) 昨年度（2013年度）の筆者の当該科目の模様は、私立大学情報教育協会（2014）『私立大学教員の授業改善白書――平成25年度の調査結果』14ページに「地域社会の協力によるPBL型授業の試み 金沢星稜大学 経済学部」として紹介された。
(2) ジョブカフェ石川の当該ウェブページには、スタート時の2006年度分から紹介されている。
(3) 日本海学シンポジウム「高等教育段階におけるキャリア教育の在り方について――石川で学ぶ 石川から巣立つ」（2006年3月10日 主催：いしかわ大学連携促進協議会）より。

【参考文献】
・奥村実樹（2006）「いしかわ大学連携促進協議会におけるキャリア形成教育について」『高等教育段階におけるキャリア教育の在り方について――石川で学ぶ 石川から巣立つ』配布資料
・奥村実樹（2009）「産業界との連携を中心とした教育の取り組み」『大学教育と情報』私立大学情報教育協会、第18巻第2号
・金沢大学「キャリア教育のあり方を討論――いしかわ大学連携促進協議会がシンポジウム開催」
http://www.kanazawa-u.ac.jp/university/administration/prstrategy/eacanthus/0603/10.htm（2014年6月27日閲覧）
・ジョブカフェ石川「業界研究／企業研究 働く先輩の話を聞こう！」
http://www.jobcafe-ishikawa.jp/index.php?page_id=226（2014年6月27日閲覧）

V 地域貢献人材の育成を志向した PBL 実践活動と課題

河合 晋(岡崎女子短期大学)

1 はじめに

　PBL (Project Based Learning) も事業である以上、その遂行には企業経営と同様に「ヒト(人的資源)・モノ(物的資源)・カネ(財務資源)・情報(情報的資源)」が必要となる。とりわけ、高等教育機関で行われる PBL では財務資源が最大のネックとなるが、岡崎女子短期大学現代ビジネス学科(以下、「本学科」という)での PBL は、学内外から一定の助成を受けている。それを前提に、本節では、本学科での PBL 活動及びそこから抽出される課題を考察することが目的である。

　そもそも PBL とは、複雑な課題や挑戦に値する問題に対して、学生がデザイン・問題解決・意思決定・情報探索を一定期間自律的に行い、リアルな制作物もしくはプレゼンテーションを目的としたプロジェクトに従事することによって学ぶ学習形態(Thomas、2000)であり [1]、教員らが指示する課題のもとに展開する「課題解決型」と、学生が自由に課題を設定し展開する「課題探求型」がある(溝上、2007) [2]。一般財団法人全国大学実務教育協会(以下、「JAUCB」という)の『2009年度 JAUCB 受託研究報告書』では、汎用能力(ジェネリック・スキル)の育成及びそれを成果につなげる特性(コンピテンシー)の成長に対する教育手法に関し、現実の課題を「身の丈を超えた経験」(McCall、1998)として活用する PBL が有効であることは確認されている [3]。

　しかしながら、本学科では PBL がほとんど実施されていなかった。2005 年度に文部科学省「現代的教育ニーズ取組支援プログラム(現代 GP)」に採択された「産学コラボレーションによる総合体験型授業」は、1 年生後期〜2 年生前期に渡り、「経営実務演習Ⅰ〜Ⅳ」(卒業必修)として実施されてきた。これは当時では画期的な試みであり、地域を巻き込んだ仮想インターネットショッピングモールの運営 (http://www.okazaki-c.ac.jp/okatancity/) は、学生にとって有意義な「学びの場」であるとともに、参加企業にとっても学生との交流に意義があった。しかし、時を経て、授業担当者の変更、カリキュラム編成上の問題、取り巻くビジネス環境の変化、デジタル化した学生、商業科・総合学科がある高校での類似した授業の存在

活動名	連携先	形態	活動資金
ポータルサイト「岡崎コレクション」制作	岡崎市役所経済振興部商工労政課 岡崎青年経営者団体連絡協議会 株式会社DDR	課題解決型	岡崎大学懇話会研究助成(2012)－学外 学術教育研究所助成(2013)－学内 課題研究助成(2014)－学内
岡崎観光夏まつり「うちわデザイン」制作	岡崎市役所経済振興部観光課	課題解決型	なし
active senior向けタブレット講習による地域活性化	岡崎青年会議所(JC) 株式会社ダイナステップ 農業生産法人磯田園製茶株式会社 岡崎商工会議所青年部(YEG)	課題探求型	岡崎・幸田まちづくり応援基金(2013)－学外 学術教育研究所助成(2013)－学内 課題研究助成(2014)－学内
オカザえもん・岡崎まぜめんプロモーション	市内各店舗	課題解決型	課題研究助成(2014)－学内

表12-3　本学科で取組んでいるPBLの枠組み

などがあり、当該授業は形骸化しつつあった。そんな中、文部科学省「地（知）の拠点整備事業（大学COC事業）」構想や学科広報上の理由から、一部教員のゼミ活動の中でPBLを始めた。地域貢献人材の育成を志向した試行錯誤的な取り組みであったが、そこから浮かび上がる課題について考察することで、本学科における今後のPBLを有意義なものにしたいと考えている。

2　PBL実践活動の概要

　本学科では、ゼミ担当教員と地域[4]との関係を基盤とし、出来るだけ産官学の連携が図られる事業を念頭に上記の枠組み（表12-3）でPBLを実践している。

　このうち、「active senior向けタブレット講習による地域活性化」活動は、学生から「若者と高齢者とのデジタル・ディバイドの拡大」や「地域商店街の衰退化」が地域課題として挙げられ、その解消のために取り組むPBLであるから「課題探求型」に分類される。また、ポータルサイト「岡崎コレクション」制作活動は、岡崎市から「独自の強みを持つ、地域に根付いた中小零細企業の魅力」を発信する必要性が示され、岡崎市が岡崎市青年経営者団体連絡協議会[5]に（以下、「青経連」という）に委託し、岡崎女子短期大学及び経済産業省「地域中小企業サポーター」安藤竜二氏（株式会社DDR代表取締役）の協力により行われた、「課題解決型」の典型的な産官学連携事業である。

　それぞれのPBLの概要は以下の通りである（表12-4）。この中で「岡崎コレクション」制作活動は、地元紙2紙と市の広報誌に掲載され、地元ケーブルテレビ局

活動名	開始年度	概要	参照 URL など
ポータルサイト「岡崎コレクション」制作	2012年度	学生が中小企業の経営者に対してインタビューを行い、当該企業の魅力を対外的に発信することで、各企業の持つ本来価値の再発見を促すことを目的としたプロジェクト	http://www.okazaki-collection.com/about.html
岡崎観光夏まつり「うちわデザイン」制作	2012年度	岡崎観光夏まつりで配布するうちわの扇面デザインを行うプロジェクト	学生のデザインが採用（2013年度）
active senior 向けタブレット講習による地域活性化	2013年度	地域の商店街を活性化することを目的に、店舗の空きスペースを使って、高齢者向けにiPadをはじめとするタブレットの講習を行うプロジェクト	http://ouenkikin.jimdo.com/ http://okazaki.keizai.biz/photoflash/2423/
オカザえもん・岡崎まぜめんプロモーション	2013年度	「経営実務演習」の授業の中で、ご当地キャラクターやご当地飯のプロモーションを企画し、担当店舗の売り上げを伸ばすプロジェクト	http://www.okazaki-c.ac.jp/okatancity/

表 12-4　本学科で取組んでいる PBL の概要

で特集が組まれるなど一定の評価を得ており、サイトアクセス数も好調であることから、当初の目的である「中小企業の魅力、情報を対外的に発信し、市内中小企業へ新たなビジネスチャンスを提供すること」に貢献していると考えている。また、「active senior 向けタブレット講習による地域活性化」活動は、「岡崎・幸田まちづくり応援基金」への応募を学生に勧めた結果、この企画プレゼンテーションが評価され、当該活動に対して助成が決定した。2014年度には、当該活動に関心を示していただいた株式会社ダイナステップ（NTT docomo グループ企業）との共同により、地域貢献活動に向けて連携することが決まっている。

　本学科の PBL で中心となるポータルサイト「岡崎コレクション」制作活動においては、学生が事前にインタビューのロールプレイングの研修を受け、その後、青経連を構成する 10 団体より選出された青年経営者を対象にインタビューを行い、その記事とポートレート写真をメインコンテンツとしてサイトに掲載している。この取り組みは授業のカリキュラムに組み込まれたものではないため、正課外のゼミ活動としての PBL である。取材するゼミ生には、ジェネリックスキルのうち、特にインタビューを通じての「対話力・対応力」「好感獲得力」[6] のスキルアップを図ること、さらに副次的な効果として、大企業と比較して企業情報が乏しい中小企業の魅力に触れることで地域産業に対する理解を深め、それを通じて自身のキャリア形成に幅を持たせることを期待した。

　活動に参加した岡崎女子短期大学側では、①インタビュー対象企業からの求人依頼、②「active senior 向けタブレット講習による地域活性化」活動への発展、

③企業経営者による継続的な学生向け講演、④プロダクトデザイン共同研究への発展などのメリットがあった。また、学生アンケートからは、全てのジェネリックスキルで伸長がみられ、特に継続力（粘り強く、頑張り続けられる力）は「身に付いた」とする回答が多く、また、付加価値を付ける能力（気づく力、計画・実行する力、周囲を巻き込む力）とバランス感覚（周囲を観察し、協調しながら課題解決する力）は、「かなり身に付いた」とする回答が多かった[7]。

3　PBL実践活動における課題

　前述のように、当該PBLは正課外のゼミ活動である。なぜなら、依頼や打診があってからのカリキュラムやシラバスの変更が日程的に不可能だったからである。学生はほぼフルタイム（平日1限から5限まで）の履修状況で、かつ就職活動の最中でもあったため、当該PBL活動は休日や夏期休暇中とならざるを得ず、負担の大きい活動であった。また、課外活動であることを理由に全学的な取り組みとはならず、大学側からの人的サポートは確保されない状況にあって、教員側の負担も大きいものであった。

　本学科のPBLは、「産学等連携プロジェクトの代表的な3形式」[8]（図12-3）の中の「課外プロジェクト型」の形態を採用したが、前述の問題点を解決するためには、「カリキュラム導入型」への転換が望ましいと考えられる。ただし、カリキュラム導入型への転換を図った場合には、参加する学生が多くなるので学生の作業進捗状況の管理負担が増大する。加えて、学生の能力のバラつきがより大きくなることが予想されるため、参加学生の能力の平均ラインと最低ラインを見極めた上で、産官サイドと綿密に連携の摺り合わせを行うことが不可欠となる。

　また、ポータルサイト「岡崎コレクション」は広くインターネットに公開されるので、学生にそれなりの緊張感があり、PBLの成果物としては効果的なものであったが、当初質の低い成果物を充実させるため、教員サイドがかなりの時間と労力を使わざるを得ない状況が生じた。全ては事前学習の不足に起因しており、十分な量と質を兼ね備えたアクティブ・ラーニングの必要性を痛感した。根本的には、確立された教育アセスメントを持ち合わせていないことが、PDCAに基づくPBL遂行の阻害要因であったと認識している。今後は、地域貢献型PBLを重要な科目として位置づけたカリキュラムの構築が必要である。また、地域貢献型PBLをマネジメント或いはコーディネートする担当部署が必要であり、個々の教員に任せきりで

1：カリキュラム導入型	2：課外プロジェクト型	3：プロフェッショナル型
Project to be included in curriculum	Extracurricular project	Professional project
カリキュラムに組み込み推進して行く形態。事前に十分な準備期間が必要。	時期を定めずに臨機応変に対応できる。時間、参加人員の確保が難しい。	金銭等の提供を受けて研究成果を随時提供する。学生、教員に高度なスキルと経験が必要。
企業側指導員等 ＋ 専任教員 ＋ 学生	企業側指導員等 ＋ 専任教員 ＋ 希望学生	専任教員 ＋ アルバイト学生

図12-3　産学等連携プロジェクトの代表的な3形式

はない、大学組織の支援体制も重要な成功要因の一つだと認識する。

4　終わりに

以上を踏まえ、現在は上記PBLを「カリキュラム導入型」に転換し、正課内活動が行えるようなカリキュラムを策定している。また、アクティブ・ラーニングを取り入れた事前学習の充実を図るよう、外部講師の依頼やロールプレイングの遠隔授業などを予定している。さらに、地域とのコーディネートを担当する部署を新設し、大学組織の中で当該PBLの位置付けを明確にするとともに、市役所の担当者や地域企業と我々が本学で継続的に意見交換し、PBL活動のPDCAサイクルを構築できるよう事業計画を策定している。具体的には、産官学共同で教育アセスメントを実施できるプログラムの開発を行う予定である。

文部科学省の大学COC構想の背景には、大学の教育研究が社会の課題解決に十分応えていないことにあり、大学にはフィールドワーク等を通じて、学生が社会の現実の課題解決に参加することで実践力を育成し、学修する意欲を刺激することを求めていた[9]。また、文部科学省「私立大学等教育研究活性化設備整備事業」の〈タイプ1「建学の精神を生かした大学教育の質向上」（大学教育質的転換型）〉では、アクティブ・ラーニングなどの導入が求められ、〈タイプ2「特色を発揮し、地域の発展を重層的に支える大学づくり」（地域特色型）〉では、地元自治体、産業界等との連携の下、地域が求める人材の育成、地域貢献など、全学的に地域の発展を重層的に支える大学が評価される[10]。高等教育機関が地域と一体になって、学生た

ちが社会問題や地域課題の解決に取り組み、それを地域貢献や地域活性化に繋げるような人材に育成していく社会的・時代的要請は今後も続くものと考えられる。

また、岡崎市内4大学・短期大学の学生へのアンケート調査[11]では、学生は社会問題・地域課題への関心が高く、社会問題や地域課題の解決による地域貢献や地域活性化において、学生の可能性を感じさせる結果であった。地域貢献人材の育成を志向したPBL活動は学生ニーズに応えることにもなろう。

【注】
(1) 大島武、池内健治、椿明美、坪内明彦、見舘好隆、和田佳子（2012）「ビジネス実務汎用的能力の抽出とその教育方法」『2011年度JAUCB受託研究報告書』日本ビジネス実務学会、38ページ（原文は、Thomas, J. W. (2000) 'A REVIEW OF RESEARCH ON PROJECT-BASED LEARNING', "Prepared for The Autodesk Foundation", San Rafael, CAより引用）。
(2) 大島ほか（2012）『前掲書』38ページ（原文は、溝上慎一（2007）「アクティブ・ラーニング導入の実践的課題」『名古屋高等教育研究』より引用）。
(3) 大島武、池内健治、椿明美、水原道子、見舘好隆（2010）「ビジネス実務分野における汎用能力とその教育方法」『2009年度JAUCB受託研究報告書』日本ビジネス実務学会、29～35ページ（「身の丈を超える経験」は、McCall, M. W. (1998) "High Flyers: Developing the Next Generation of Leaders", Harvard Business School Pr.：金井壽宏訳（2002）『ハイ・フライヤー次世代リーダーの育成法』プレジデント社より引用）。
(4) 本学科で取り組んでいるPBLの枠組みにおける「地域」とは、愛知県岡崎市及びその周辺にある町村を指している。
(5) 加盟団体は岡崎青年会議所、岡崎商工会議所青年部をはじめとする10団体で、490社が加盟している（http://www.okazaki-collection.com/seikeiren.html参照）。
(6) 大島武、池内健治、椿明美、坪内明彦、見舘好隆、和田佳子（2011）「汎用能力育成の指導法――研究プログラム開発と教材開発を中心に」『2010年度JAUCB受託研究報告書』日本ビジネス実務学会、15ページにおいて、ジェネリックスキルを6分類している。
(7) アンケートは、予備的調査である（対象者：活動に参加したゼミ生11名、調査法：郵送調査法、実施時期：2013年12月）。質問内容は、【注】(6)の6指標を分かりやすい表現に変え、取り組みの前後での自己の変化を5段階スケールで回答。
(8) 河合晋、町田由徳、岡野大輔、加納輝尚、手嶋慎介（2014）「現代ビジネス学科におけるPBLの取組みに関する課題について」『岡崎女子短期大学学術教育総合研究所所報』第7号、13ページ。
(9) 文部科学省（2012）「大学改革実行プラン――社会の変革のエンジンとなる大学づくり」12ページ参照。

http://www.mext.go.jp/b_menu/houdou/24/06/__icsFiles/afieldfile/2012/06/05/1312798_01_3.pdf
(10) 文部科学省（2013）「私立大学等教育研究活性化設備整備事業」参照。
http://www.mext.go.jp/a_menu/koutou/shinkou/07021403/002/002/1340519.htm
(11) 詳しくは、河合晋（2014）「ソーシャルビジネスに対する学生の意識について──アンケート調査に基づいて」『ビジネス実務論集』第32号、12～25ページを参照されたい。

【参考文献】
・BARBARA E. WALVOORD（2010）"Assessment Clear and Simple A Practical Guide for Instituttions, Departments, and General Education", John Wiley & Sons（山崎めぐみ、安野舞子、関田一彦訳〔2013〕『大学教育アセスメント入門──学習成果を評価するための実践ガイド』ナカニシヤ出版）
・加納輝尚、河合晋、手嶋慎介ほか（2014a）「ジェネリックスキル育成の観点からみたインターンシップの取組に関する一考察──中部・北陸地区の高等教育機関におけるインターンシップ及びPBLの取組事例の比較を通して」『富山短期大学紀要』第49巻、87～102ページ
・河合塾編（2011）『アクティブラーニングでなぜ学生が成長するのか──経済系・工学系の全国大学調査からみえてきたこと』東信堂
・河合晋（2014）「ソーシャルビジネスに対する学生の意識について──アンケート調査に基づいて」『ビジネス実務論集』第32号、12～25ページ
・文部科学省（2012）「大学改革実行プラン──社会の変革のエンジンとなる大学づくり」
・文部科学省（2013）「私立大学等教育研究活性化設備整備事業」
・岡野大輔、加納輝尚、手嶋慎介ほか（2014b）「就業力育成を目的とした取組事例の比較検討──就業力育成融合モデルの構築に向けて」『金城大学短期大学部紀要』第38号、51～61ページ
・大島武、池内健治、椿明美ほか（2010）「ビジネス実務分野における汎用能力とその教育方法」『2009年度JAUCB受託研究報告書』
・大島武、池内健治、椿明美ほか（2011）「汎用能力育成の指導法──研究プログラム開発と教材開発を中心に」『2010年度JAUCB受託研究報告書』
・大島武、池内健治、椿明美ほか（2012）「ビジネス実務汎用的能力の抽出とその教育方法」『2011年度JAUCB受託研究報告書』

Ⅵ　女子大学生の組織学習を通じたキャリア形成に関するフィールド・リサーチ

井上　奈美子（お茶の水女子大学）

1　はじめに

　中央教育審議会（2011）は、キャリアとは「自らの役割の価値やその関係を見出していく連なりや積み重ねである」、職業観とは「仕事をする上で様々な意思決定をする選択基準である」とし、キャリア形成を推進する上で体験的な学習活動の重要性を主張した。そこで、本節は、学生による主体的キャリア形成の具体的方策の解明を目指した。

　具体的には、学生個々人の資質を発揮し、挑戦と失敗を繰り返す場として、学生にとっての日常生活空間である大学内にスチューデント・アドバイザー（以下SAと記述）として働く学生達によるキャリア形成のための組織を構築し、フィールド・リサーチを実施した。キャリア・トランジション・サイクル理論（金井、2004）の概念に依拠し、個人と組織の相互作用を観察した。本節では、金井の提唱するサイクルを骨子に学生組織に適応する用語に置き換えたサイクルを作成し、それを仮説とし、SAの態度や変化に照合した。尚、観察対象は、私立女子大学（C大学）の施設であるスチューデントルーム（SRと記述）にて、学生支援を業務として働く27名の女子大生である（2〜4年生）。フィールド・ワーカーである筆者は、大学の職員（Fと記述）。Fは、SAに直接介入せず、リーダーを通して、仕事の確認や方向性の問いかけをした。Fは、2007年から3年間、毎日SAメンバーと共に行動し、観察内容を記録した。

2　調査対象者

（1）SA（スチューデント・アドバイザー）について

　SAの業務内容と役割は次の通りである。SAは、自発的に組織創りを提案し（研修班、傾聴班、施設衛生班他）、役割を精査し、勤務シフト管理を行った。各自、講義の空き時間にSRで勤務する間は、時給700円が大学から支給された。SA達は毎月1回、会議（時給なし）を行い自分たちで発見した課題に取り組んだ。SRの一般学生の年間利用者数はのべ1万3,000人程度となった。以下、SAの役割を列挙

する。

① 印刷に関わる業務：印刷補助、SRの印刷機の管理、印刷用紙の在庫確認・注文・補充、印刷技術マニュアルの作成と更新
② 学習・生活支援：文具貸し出し、自習支援、簡単な相談（傾聴）、時間割や講義の情報提供、大学事務組織へのパイプ役、学生相談室への案内、相談箱の管理・報告
③ 学内情報発信機能：学友会やその他学生団体の冊子や活動案内の配布支援、学内行事や生涯学習センター行事の告知やポスター掲示、日々の経済ニュースの発信、新聞の管理、防犯ポスター、学内マナーポスターの作成と学内掲示
④ SRの施設運営：月例会議、班活動、アンケート実施・分析、利用者数の集計、掃除
⑤ 行事・研修：研究室ツアー、健康フェスタ、傾聴講座、OGを囲む会、中学生の1日大学体験、スキルアップ研修合宿、地域清掃活動、オープンキャンパスでのプレゼン、総合発表会（教職員公開）、メールと電話のマナー研修、入学式オリエンテーション準備の協力、新人SAの採用・教育

2　学生同士の傾聴活動について

　SAは、学生支援を行う過程で、傾聴力の必要性を感じ、学生相談室の臨床心理士に依頼し、傾聴講座を開始した。学生相談の内容は、学生生活における小さな悩みであった。大学の就職課窓口に一人で行く勇気がない内気な学生にとっても、先輩の「行ってみたらいいよ」という一言が背中を押した。SAは学生が無記名でも気軽に相談ができるようにと、相談ボックスを設置した。「朝起きることができない」との相談について、経験談を話す者、相談者の問題の本質を探る者、相談者の気持ちを汲み取ろうとする者もいた。自分の生活リズムを反省しつつ、早起きの方法を話し合った。返事は、相談者の匿名性の尊重を第一に考えボックスで返した。その後、SA同士が相談し合うことが増えた。SA自身も友人や家族には相談できないことがあり、学科や学年を超えた環境で相談相手を得ていた。利用学生が集まりSAを囲みワイワイガヤガヤと話をしている様子は、明るくて、決して暗く落ち込んだ様子ではなかった。こうして傾聴講座は研修の柱となった。相談ボックスを設置することは、グループ学習＋訓練の結果から生まれた利用者の立場に立った工

図12-4　学生キャリア・トランジション・サイクル

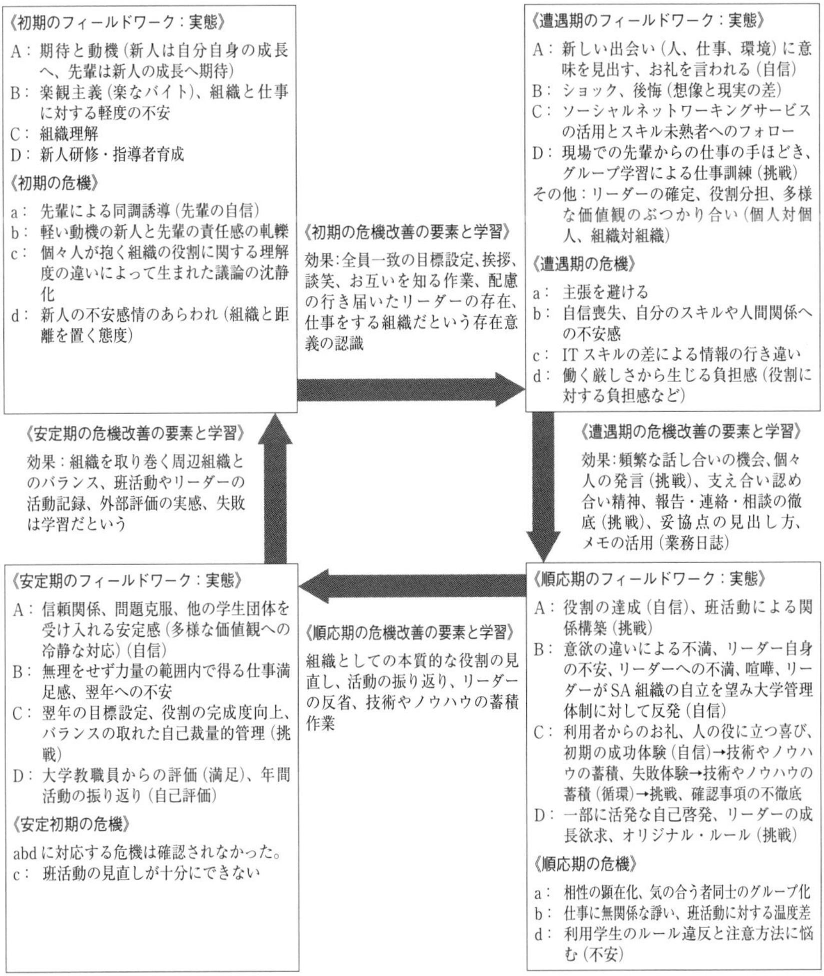

《初期のフィールドワーク：実態》
A： 期待と動機（新人は自分自身の成長へ、先輩は新人の成長に期待）
B： 楽観主義（楽なバイト）、組織と仕事に対する軽度の不安
C： 組織理解
D： 新人研修・指導者育成

《初期の危機》
a： 先輩による同調誘導（先輩の自信）
b： 軽い動機の新人と先輩の責任感の軋轢
c： 個々人が抱く組織の役割に関する理解度の違いによって生まれた議論の沈静化
d： 新人の不安感情のあらわれ（組織と距離を置く態度）

《初期の危機改善の要素と学習》
効果：全員一致の目標設定、挨拶、談笑、お互いを知る作業、配慮の行き届いたリーダーの存在、仕事をする組織だという存在意義の認識

《遭遇期のフィールドワーク：実態》
A： 新しい出会い（人、仕事、環境）に意味を見出す、お礼を言われる（自信）
B： ショック、後悔（想像と現実の差）
C： ソーシャルネットワーキングサービスの活用とスキル未熟者へのフォロー
D： 現場での先輩からの仕事の手ほどき、グループ学習による仕事訓練（挑戦）
その他：リーダーの確定、役割分担、多様な価値観のぶつかり合い（個人対個人、組織対組織）

《遭遇期の危機》
a： 主張を避ける
b： 自信喪失、自分のスキルや人間関係への不安感
c： ITスキルの差による情報の行き違い
d： 働く厳しさから生じる負担感（役割に対する負担感など）

《安定期の危機改善の要素と学習》
効果：組織を取り巻く周辺組織とのバランス、班活動やリーダーの活動記録、外部評価の実感、失敗は学習だという

《遭遇期の危機改善の要素と学習》
効果：頻繁な話し合いの機会、個々人の発言（挑戦）、支え合い認め合い精神、報告・連絡・相談の徹底（挑戦）、妥協点の見出し方、メモの活用（業務日誌）

《安定期のフィールドワーク：実態》
A： 信頼関係、問題克服、他の学生団体を受け入れる安定感（多様な価値観への冷静な対応）（自信）
B： 無理をせず力量の範囲内で得る仕事満足感、翌年への不安
C： 翌年の目標設定、役割の完成度向上、バランスの取れた自己裁量的管理（挑戦）
D： 大学教職員からの評価（満足）、年間活動の振り返り（自己評価）

《安定初期の危機》
abd に対応する危機は確認されなかった。
c： 班活動の見直しが十分にできない

《順応期の危機改善の要素と学習》
組織としての本質的な役割の見直し、活動の振り返り、リーダーの反省、技術やノウハウの蓄積作業

《順応期のフィールドワーク：実態》
A： 役割の達成（自信）、班活動による関係構築（挑戦）
B： 意欲の違いによる不満、リーダー自身の不安、リーダーへの不満、喧嘩、リーダーがSA組織の自立を望み大学管理体制に対して反発
C： 利用者からのお礼、人の役に立つ喜び、初期の成功体験（自信）→技術やノウハウの蓄積、失敗体験→技術やノウハウの蓄積（循環）→挑戦、確認事項の不徹底
D： 一部に活発な自己啓発、リーダーの成長欲求、オリジナル・ルール（挑戦）

《順応期の危機》
a： 相性の顕在化、気の合う者同士のグループ化
b： 仕事に無関係な諍い、班活動に対する温度差
d： 利用学生のルール違反と注意方法に悩む（不安）

夫の表れだった。傾聴講座を主体的に行った後、個々人は報告・連絡・相談を徹底するようになった。

3　結果

3年間の観察記録を仮説と照合したところ、多くは重なった。観察から導かれた

仮説と異なる部分には下線を引く。実態とは、SA のフィールド・ワークを意味する。金井式は、初期（A〜D）→遭遇期（A〜D）→順応期（A〜D）→安定期（A〜D）というサイクルを示す。A〜D は、A：課題と目標、B：不適応の場合、C：うまく適応するための方策と救済策、D：マネジメントの役割を示す（金井〔2004〕を参照されたい）。A〜D は観察による学生の様子、a〜d は、A〜D の時期に危機となった事象である。危機を好転させた事象には、効果の意味で（効）と記す。

次に、各ステップにおける特徴的な観察記録について記述する。

① 初期：学生が SA になった最大の目的は、「空き時間にお金を稼ぎたい（B）」であった（最終的には、働く目的が金銭から組織としての使命感に変化した）。F が SA に対して、大学からの期待とミーティングの開催計画について話すと、個々人が異なる認識による軋轢が生まれた（b）。仕事について問題意識を持つ 3 人が積極的に働いた。彼女らは、「SA は大学にとっていい組織になる」と期待した（A）。2 年目からは、主体的に新人研修を実施した（D）。新人は受け身な姿勢になった（B）。先輩は、新人に理想像を押し付けようとした（a）。一部の新人は、先輩と距離を置いた（c・d）。新人にとっては、配慮が行き届いた一部の先輩の存在が救いとなった。ミーティングで SA 組織の役割が明確になり、役割を理解した個々人が自分なりの目標を設定した（C）。班活動が個人の目標に向かって動き出すと、互いの声かけや談笑が活発になった。

② 遭遇期：学年、学科を超えた交流は活発になり、新しい出会い（A）が生まれた。しかし、初めての仕事経験は厳しいと感じたり、できると思っていたことができずにショックを受けた（B）。最後まで SA をやり遂げることができるか不安（b）を感じる者もいた。SNS やメールは有効に機能した（C）。業務日誌による業務引き継ぎの重要性に気付き、記入のルールについて何度も議論した（D）。先輩が後輩に細かい仕事内容を伝授し、班主催の学習会を頻繁に開いた（D）。主体的に役割に向き合う一方で、自分の考えを持ち、意見の対立が増えた。また、「今、自分の意見を言うと面倒なことを引き受ける羽目になるから様子を見よう」という考えは、主張を避ける（a）という態度で現れた。頻繁な話し合い（効）を重ねることで妥協点を探った（効）。自分達の企画を遂行する段階では、業務引き継ぎの徹底（効）がなされるようになった。スキルへの不安感（b）や役割への負担感（d）を抱いた者の気持ちを理解しあい、できる状況になったら参加すればいいとした。お互いを支えあい、

認め合う精神（効）から生まれていった。

③ 順応期：班活動内に限るが、個人が役割を果たし始めた（A）。真剣な者が真剣ではない者に対して不満を抱いた（B）。自己成長欲求からリーダーに挑戦する者が現れた（D）。大学からの報告書提出の要請に反発した（管理体制への反発）。単に反発するだけではなく、自分達ならではのやり方を提案した（B）。利用者からのお礼の言葉に人の役に立ったという実感を抱いた（C）。未達成業務は記録を残し、下位学年へ引き継ごうとした（C）。朝の掃除チェック表を作成した。1年の時にシフト勤務に遅刻を繰り返した者が、次の勤務者に迷惑をかけることに気が付き、2年次では常に10分前に出勤するになった。順応期の危機は、人間関係と経験不足の側面からくるものだった（d）。気の合う者同士の同調が強くなった（a）。意見の対立がおきた（b）。だが対立は、SA組織の本質的な役割を見つめなおす機会につながった。

④ 安定期：「自分達で大学をもっとよくしたい」という共通目標が生まれた（C）。それは協働の意識を支えた。より高次元の知識と学習につなげていくプロセスが実践された（A）。自分の許容範囲を超え、納得のいかない考えも受け入れ、理解し、組織にとって意味のある資源にしようと模索した。皆で一つのことに取り組むと、うまく事が進まない時もある。SA達はそれを素直に失敗として受け止めた。失敗は次につながる学習材料だということがチーム内に浸透し、個性や自己主張が強い人へも柔軟に対応するようになった。自分ができない仕事は自分ができるレベルや範囲を確かめながら対応し、無理をしない範囲で丁寧に取り組み、それで十分に満足した（B）。この「無理をしないで」とは、社会人対象のサイクルと若干異なった。新年度では、新人を受け入れることに不安を感じた。不安をコントロールしながら自分ができることを粛々と行っていた。自己満足を得たSAは、存在意義や自己成長を実感していた。自分の可能性を実感した者は、皆の前で意見を述べる回数が増えた。深く考え、考えたことを組織の発展のために実行する者に対してSA達は尊敬しあい、さらなる学習意欲を刺激した。

以上のとおり、SAの成長とキャリア・トランジションの発展では、自信、不安、学習方法（協働）、環境という4つの側面が確認された。特に、SA組織で働く際の個人の感情に着目すると、自信と不安の両側面が繰り返し登場した。不安については、自分の役割の未熟さに対するショックも含まれた。ショックを受けた後のSA

の行動は、反省点を活かした学習の結果であり、金井の言う「一皮剥けた経験」に相当するだろう。金井は、各時期内で、対話や目標設定、不安などが段階に応じて生まれるとしたが、学生の場合は、各時期をつなぐプロセスに目標設計や対話、自問自答、誇りが生まれた。尚、「喧嘩」という単語の意味には、ぶつかり合いや反発心・反対意見も含む。組織や役割に関する意見の食い違いが発端となるような喧嘩を通して、徹底的に意見をぶつけあい、自問自答し、納得した後の協働は強力だった。さらに、SAは、大学の施設を支える仕事をする人々（学内清掃業者の方、印刷機業者の方、鍵や冷暖房の管理宿舎の方、保健室や学生相談室、大学業務職員など）に直接触れ合った。どのような仕事も組織を支える役割の一つを担う大切な仕事であると理解した後は、SAの役割と学生や大学全体との関係について意識した行動や発言をするようになった。これらを促進するには、大学の教職員の態度も重要であった。年1回の活動報告会に忙しいながらも参加した教職員から活動をねぎらう言葉をかけられたSAは、翌年の仕事により積極的になった。

4 まとめ

　大学に支援を受ける側から支援を提供する側に立場を変化させたSAは、学生支援に主体的に取り組むことを通じて、人の役に立つ実感を抱き、役割にやりがいを感じていた。個々人は、失敗を振り返るたびに、人と喧嘩をするたびに内省し、仲間と語り合い、自己理解を深めていった。また、SAは自分達で組織を運営するため、次々に個人の役割が生まれた。その度にSAは大学組織内で果たす役割の責任の重さを実感した。責任を感じたSAは時間管理、業務連絡といった仕事の基本的な習慣を身に付けた。SA同士の相互作用の場は、個人の動機づけとなった。特に、反発心、反対意見（時に喧嘩に発展した）が次の学習意欲のきっかけとなっていた。仕事を通して予測不可能な事態や役割に遭遇する経験を重ね、不安ながらも挑戦と失敗を繰り返すといった学習経験は、不安な状況であっても柔軟に対応する行動習慣を育み、不安が先行してしまう就職活動に最後まで柔軟に取組むための事前体験として功を奏した。加えて、2・3年生は、SA活動を通じて、就職活動に取り組む4年生と直接おしゃべりをし、そのことが就職活動疑似体験となった。

　総じて、キャリア教育にキャリア形成の含意を期待するのであれば、本節の意義は、大学という学生にとっての日常生活空間において、学生が人と人とのつながりの中で自分の潜在能力を育む可能性があるということに気付かせる結果を導いたこ

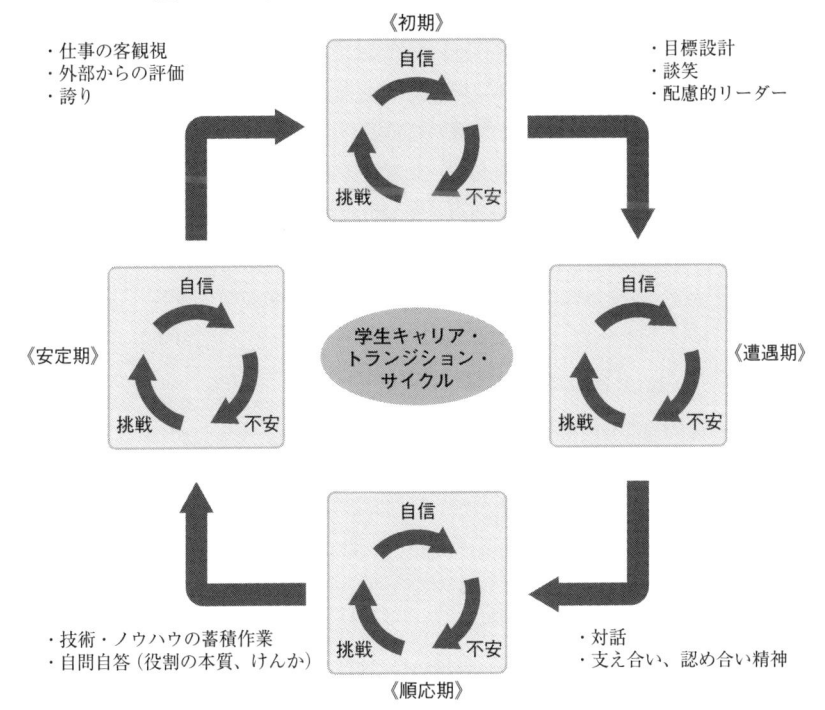

図12-5 学生キャリア・トランジション・サイクル

《初期》
・仕事の客観視
・外部からの評価
・誇り

・目標設計
・談笑
・配慮的リーダー

《安定期》

《遭遇期》

学生キャリア・トランジション・サイクル

・技術・ノウハウの蓄積作業
・自問自答（役割の本質、けんか）

・対話
・支え合い、認め合い精神

《順応期》

とである。

　学生は、単なる自己成長欲求だけでは、面倒で好きではないことに取り組み続けることはできなかった。自己成長欲求は、仲間や周辺の人々との対話や交流によって変化した。所属する組織発展のため、更には大学をすばらしい空間にするために自分達は日々活動しているという誇りが芽生えたことが、不安ながらも挑戦し続ける動機づけになった。学内で働く経験を経て、意識変革を果たした学生の態度変容は、周辺学生を巻き込み、学生の意識変革を大学全体に広げることを認めた。特に研究室ツアーは、先輩が後輩を引率して、研究室を訪問し、学科を超えた学びあいが生まれた。なお、就職難の再来といわれる厳しい環境のなか、C大学においても就職内定率が低下したが、本研究を行った3年間は、SA全員の就職と進学が決定した。以上をもって、本節は、学生が組織における体験を通して主体的に学ぶ行動習慣を育むと、自ら態度変容のきっかけとなる場を創造することが可能であること

を明らかにし、大学における新たなキャリア形成の意味を提示した。

【引用・参考文献】
・中央教育審議会（2011）「今後の学校におけるキャリア教育・職業教育の在り方について（答申）」
http://www.mext.go.jp/b_menu/shingi/chukyo（2012年10月1日取得）
・金井嘉宏（2004）『キャリア・デザイン・ガイド』白桃書房、81ページ
・Krumboltz, J. D.（2004）*Luck Is No Accident: Making the Most of Happenstance in Your Life and Career*, Atascadero, CA: Impact Pub; annotated edition（花田光世、大木紀子、宮地夕紀子訳『その幸運は偶然ではないんです！――夢の仕事をつかむこころの練習問題』ダイアモンド社、2005年）
・Nicholson, N.（1990）"The transition cycle: causes, outcomes, processes and forms." In S. Fisher & C. L. Cooper（Eds.）, *On the move: The psychological effects of change and transition Chichester*. Wiley, pp. 83-108.
・スーパー、D. E.（日本職業訓練協会訳）（1960）『職業生活の心理学』誠信書房

Ⅶ 地域と連携したゼミ活動――「ゴミゼロ大作戦！」について

大城 美樹雄（名桜大学）

はじめに

　これは、学生による地域貢献について、地域と連携したゼミ活動の事例報告である。学生は、当然、学生である以前に地域で暮らす住民でもある。その住民の一人として地域で抱える問題に、住民とは別の側面の学生という立場で何ができ、どう貢献できるのか、について正課内活動としてのゼミ活動を通して学んだことをまとめた。名桜大学が位置する名護市には急激に人口が増える続ける地域があり、その中の一つである宇茂佐地区が今回の舞台である。この成果が人口増加による公園のゴミ問題について、他の地域の解決モデルとなれば幸いである。

1 名桜大学の学群制度について

　今回の学生による地域貢献について述べる前に、まず、名桜大学の学群制について説明する必要がある。すでに周知されていると思うが、学群制度と学部制度との

第 12 章　PBL プログラム等の国内での実践状況

大きな違いは、入学する際に、学群制度の学生は自分の専攻を決定せずに入学するという点である。学部制度であれば、たとえば、経営学科を受験し、合格すればその学科の学生となる。ところが、学群制度の場合、受験生は「名桜大学国際学群」を受験し、2 か年間は学群生として過ごす。そして、3 年次に上がる際に初めて自分の進むべき専攻を決め、その専攻の教員のゼミに所属するのである。つまり、2 か年間は、どの学科、専攻にも属せず、専ら「名桜型リベラルアーツ」を徹底して教育されるのである[1]。

2　経営系基礎演習でのゼミ活動について

　学群制度での 2 年次は、学生自身が進みたい専攻と、他に興味があり迷っている専攻とを、前期と後期にそれぞれ 2 専攻希望し、必修科目として履修しなければならない。現在、名桜大学国際学群には 6 つの専攻があり、(1) 国際文化専攻、(2) 語学教育専攻、(3) 経営専攻、(4) 情報システムズ専攻、(5) 診療情報管理専攻、(6) 観光産業専攻となっている。経営系基礎演習では、全受講生を担当教員数で除しゼミ配置を行なっている。その際、以前は学生の希望ゼミを申請させ調整していたが、現在は、機械的に人数を揃えるように配置している。ただし、単純に機械的処理ではなく、できるだけゼミ間のバランスが良くなるように、性別、沖縄県内出身者数と県外出身者数、専攻への第一希望と第二希望などの要素を考慮し配置している。2014 年度前期の場合、担当教員 6 人に対し、全受講者数が 61 人だったので、担当教員 1 人当たり約 10 人のゼミ生を受け持つこととなった。

　また、年度ごとに共通課題を設定し、その共通課題を基に各ゼミの個別テーマを設定し、独自にゼミ活動を展開する。そして、講義の最終日に発表会を開催し、自分たちの成果物を、パワーポイントを活用し口頭発表しなければならない。過去の共通課題は、2011 年度「沖縄県の企業」、2012 年度「沖縄の課題」、2013 年度「マネジメント」となっており、2014 年度は「自分たちが問題と感じる課題の解決をマネジメントする——管理のサイクルをゼミ活動に活用して」という共通課題を設定した。

3　ゼミ活動の具体的内容について

(1) ゼミの組織作り

　2014 年度前期は、男子学生 6 人、女子学生 4 人の合計 10 人でゼミ活動を展開す

ることとなった。まず、リーダー1人（中村弥生）と、副リーダー1人（山下 楽）、そして毎回のゼミ内での作戦会議の議事録を作成する書記1人（兼城瑠菜）が互選により選出された。また、各ゼミ間の情報共有や運営のために運営委員1人（松田麻依）が選出された。教員が関わるのはここまでであり、これ以降は、リーダーを中心に話し合いが学生主体で展開していく。教員はあくまでも相談役として、学生が行き詰った場合などにヒントを与える役としてサポートしていく。

　さっそく10人を1グループにするのか、5人ずつの2グループにするのかが話し合われ、審議の結果、10人1グループとすることになった。

(2) テーマ設定

　まずは、今回の共通課題の「自分たちが問題と感じる」問題とは何か、についてそれぞれの意見を交換した。基地問題、経済問題など沖縄問題に関する多くの意見が出る中で、現状を分析した結果、名桜大学が存在する名護市内には急激な人口増を抱える地区があり、その地区の問題を住民と一緒に解決することを通して地域貢献を図ることをテーマに設定することになった。当然であるが学生は学生である前に市民生活を営む地域住民でもあるので、それぞれが暮らしているアパート周辺での体験から、宇茂佐地区「あだね川公園」がゴミ問題を抱えていることが判明し、その解決を図ることになった。宇茂佐地区は、ここ数年の急激な人口増加により2014年3月31日現在、人口が6,496人（名護市公式HPより）となっており、6,811人を抱える宮里地区に次いで、名護市下55地区ある中でも第2位の人口を抱える行政区となった。特に、新興住宅地として名護市が新たに設定した地番「宇茂佐の森」の1丁目〜5丁目に約6,000人と人口が集中し、宇茂佐地区としては諸問題を抱えている。旧集落の「字宇茂佐」と新興住宅地の「宇茂佐の森」の融合は喫緊の課題でもある。

(3) 目標設定

　ゼミ活動を通して、どのように地域貢献を成し遂げるのか、どんな地域貢献を達成するのか、について話し合われ、「あだね川公園ゴミゼロ大作戦！」と称し、7月30日の最終発表会までにはゴミゼロにすることは困難であるかもしれないが、「できるだけゴミゼロを目指し、それを実現できるよう努力しよう」ということになった。

そのため、公園管理者である名護市、その名護市から管理委託された宇茂佐地区、さらには、あだね川公園をホームグランドに活動を展開している屋部小学校少年野球チームの「宇茂佐サンガーズ」など予想されるステークホルダーを巻き込み、ゴミゼロを目指すことにした。

(4) 計画
　前項の目標を達成するために、以下の4つが計画された。
　①ゴミの総量を把握するために定期的に清掃活動を行なう
　②宇茂佐地区公民館を訪ね、地区長と交渉する
　③宇茂佐サンガーズの監督・コーチと協議する
　④ゴミ箱や看板を設置し、設置前と設置後の効果測定を行なう

(5) 実行
①清掃活動
　1週間ごとのゴミ総量チェックを行なうため、まずは、事前調査を5月10日と11日の2日間で2班に分かれて行なった。その結果、ゴミの多さが予想以上であり、可能な限り毎週日曜日の午後2時から2時間程度の清掃活動を定期的に行なうことになった。具体的日程としては、6月1日、8日、15日、22日、29日の合計5回にわたり清掃活動を実施した。調査したゴミ総量については紙幅の都合で全てを紹介できないが、一例を挙げると、6月15日（缶12本、瓶1本、ペットボトル7本、買い物用ビニル袋11枚うちコンビニ9枚、プラスチックゴミ66個、可燃ゴミ45個）となっている。また、公園内の公衆トイレの汚染状況がひどく、これも自主的に清掃した。

②地区長との交渉
　5月21日に宇茂佐地区公民館に於いて、岸本敏宏地区長とゼミ生との間で意見交換会を行なうことができた。岸本地区長から「あだね川公園のゴミ問題には区として頭を悩ませていたので、とてもありがたく助かります。名桜大学の学生さんが一緒に取り組んでくれるのは大変うれしい。区としてゼミ活動に最大限のサポートをお約束します」との言葉を引き出すことに成功した。具体的には、ゴミ袋やゴミハサミなどの清掃用具の貸し出し、看板やゴミ箱設置用の木材、ペンキ、刷毛など

の材料の提供などである。
　また、6月24日は宇茂佐地区公民館に於いて、宇茂佐子供会の役員会へゼミ代表として学生3人が参加し、意見交換を行なった。入南風野 毅会長から、「報告されたゴミの多さに驚いている。是非、夏休みのラジオ体操を活用し、集まった子供たちであだね川公園の清掃を行ないたい。また、あだね川公園だけでなく地区内の他の公園もラジオ体操で子供たちが集まるので、良い機会なので子供会として定期的に清掃を展開していきたい」との回答を得た。さらに、あだね川公園の周辺に設置された自動販売機から出たと思われるゴミも見受けられるので、その自動販売機設置会社に交渉してゴミ箱を設置してもらうよう交渉してはどうかと助言された。

③サンガーズとの協議
　6月30日に宇茂佐サンガーズの監督、渡口 治氏との間で、意見交換会を開催した。席上、サンガーズがこれまで取り組んできたあだね川公園の清掃活動について報告を受け、それでも周りからは清掃していないと思われていることに悩んでいたことがわかった。それで、サンガーズとしてもホームグランドとして活用させてもらっているので、恩返しの意味も込め、中心となり今回のゴミ問題には取り組んでいく所存であること、そのためのゼミ活動への協力は惜しまないことが確認された。

④ゴミ箱や看板の設置
　6月18日に開催された作戦会議において、メンバーの一人である福本貴行から、予てより交渉していた名護市との看板およびゴミ箱の設置申請について、「不許可」とする回答があった旨、報告された。理由は、a) ゴミ箱を設置すると付近住民の生活ゴミが持ち込まれること、b) ゴミ箱を撤去後のリバウンドが計り知れない、などであった。学生が中心となり付近住民とも対話を続け、協同し問題解決へと歩み出したところであったため、学生の落胆は大きく、最大の目標を失ったことにより心が折れそうになり、ゼミ活動そのものの継続が危ぶまれたほどであった。

(6) 活動のチェック
　PDCA（Plan-Do-Check-Act）のCにあたるチェックを行ない、軌道修正を図った。特に、今回のゼミ活動ではゴミゼロ達成は困難であることが予想されたことから、

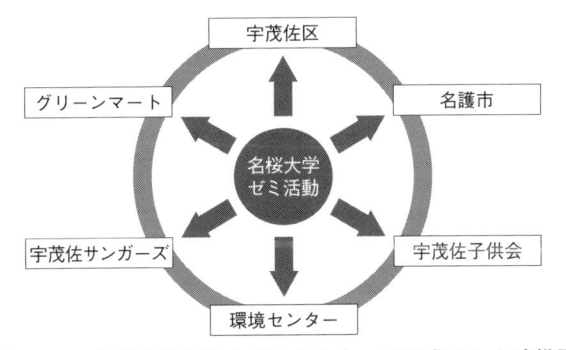

第 12 章　PBL プログラム等の国内での実践状況

図 12-6　名桜大学ゼミ生が中心となって形成された連携図

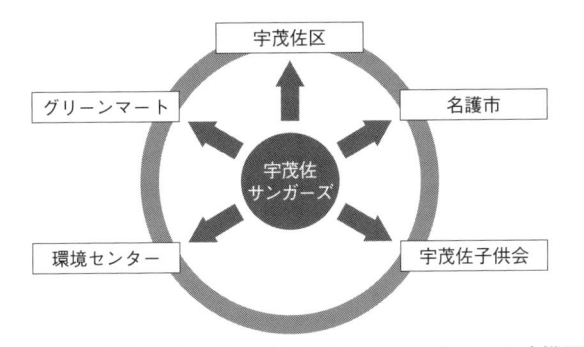

図 12-7　宇茂佐サンガーズを中心とする目指すべき連携図

より正確なデータを収集するため、清掃活動による総量チェックと、看板・ゴミ箱設置による効果測定が最大目標であった。ところが公園管理者たる名護市の許可が下りなかったことにより、目標設定に対する軌道修正を余儀なくされた。そこで、総量チェックのデータを最大限生かし、サンガーズを中心としたステークホルダーの連絡協議会のようなものを立ち上げてもらい、そこへと引き継いでもらうことを目標に再設定した。

（7）アクションプラン

残りのゼミ活動期間を最大限活用し、まずは自分たちが円の中心となり、円周上のステークホルダーに働きかけ、あだね川公園のゴミ問題について共通認識をもってもらう（図12-6）。次に、自分たちの位置に、サンガーズが入り、今後もあだね川公園のゴミ問題について継続して取り組んでもらい、できるだけゴミゼロ公園を

目指してもらう（図12-7）。

（8）再実行

　宇茂佐地区、宇茂佐子供会、宇茂佐サンガーズ、そして、あだね川公園の目の前にある駄菓子屋グリーンマートも協力し、ゴミ問題について取り組むよう道筋を作ることができた。今後は、宇茂佐サンガーズの保護者会が中心となり、この問題に取り組んでいくことを来年3月に決定される次期保護者会長（正式決定ではないので名前は差し控える）が約束してくれた。

（9）活動の成果

　学生が紆余曲折ありながらも、地域と連携しながらあだね川公園のゴミ問題について取り組み、一定の成果が得られたと思う。

4　まとめ

　大学生による地域貢献とは、いったいどのようなものであろうか、実際に活動するまではいろいろと思い悩むこともあった。しかし、学生は実に良くやってくれたと思う。今回の活動で言えば、ゴミ拾いからトイレ掃除まで、5週間にわたって嫌がらずに展開してくれたからこそ、地域の方々の共感を得ることができ、協力してくれたと思う。また、多くの関係者と実際に顔を合わせての協議や意見交換も良かった。この場をお借りして、宇茂佐区、宇茂佐子供会、サンガーズなど関係者には感謝申し上げる。ところで名護市には米軍基地問題と言う国際的な問題も存在するが、ここで暮らす住民の身近な問題もそれと同様に重要なのである。「Think global, Act local」を痛感し、PDCAの管理のサイクルの重要性を再認識できたゼミ活動であった。最後になったが、今回のゼミ活動で活躍した、石丸聡子さん、上間大地さん、兼城瑠菜さん、棚原優耶さん、中村弥生さん、比嘉太造さん、松田麻依さん、山下　楽さん、福本貴行さん、以上10人の学生には心より感謝申し上げる。

【注】
(1)「名桜型リベラルアーツ」については、下記のURLにて参照ください。
　名桜大学HP　http://www.meio-u.ac.jp/facility/liberal-arts-center.html

おわりに

　本書の執筆者一覧をご覧いただきたい。お気づきいただけると思うが、教授職にあるものは、ひとりもいない。発展途上の教育研究者が集い、研究部会の立ち上げを考えメンバーを募ったのは2010年度末である2011年2月頃のことであった。その後、東日本大震災が起こり、最近の御嶽山噴火、予想だにしない災害に見舞われた激動の数年間はあっという間に過ぎた。地域創造研究所としては複数回の震災研究会・減災研究会が行われ、関連する研究叢書も出版された。私たちメンバーも東北に足を運ぶこともあったが、私たちの持ち場である大学教育の現場、すなわち大学生の教育に集中し、尽力した数年を過ごした。本書は、こうした取り組みを通じた考察、大学生の「力」の育成に向け、大いに模索した数年の間の記録でもある。

　本来であれば、本書は2年間の研究期間を終えた2013年に出版すべきものであった。出版が遅れた理由に、先に述べた東日本大震災の研究叢書を発刊したことにより出版担当時期が後ろ倒しになったこともあるが、実際には、私たちメンバーの研究計画や執筆が遅れてしまったという事実もある。ここまで粘り強く研究助成を認めてくださった研究所所長の御園愼一郎教授、事務局の立場から多くの助言をくださった黒柳好子さん、メールという限られたやり取りではあったものの、いろいろとお気遣いいただいた唯学書房の伊藤晴美さんにも感謝申し上げたい。

　また、ひとりひとりのお名前を記すことはできないが、研究部会メンバーの入れ替わりがあったことから、執筆者として名を連ねていない方々や、さまざまな対話・議論を行った多数の方々がいる。各メンバーの思索に良い影響を与えてくださった皆様にも、メンバーを代表してお礼申し上げたい。本当にありがとうございました。

　今後、私たちの置かれる環境が、いかに変わろうとも、本書完成に至るまでに、私たちが考えを巡らしたこと、大学教育、人材育成にかける気持ちは変わらない。同時に、よりブラッシュアップし自らが大いに成長し、変わり続けたい。「人材育成」と一言でいうものの、考えるべきテーマは広く深い。私たちが取り組んだテーマは、その意味では視野の狭い内容といえるかもしれない。今後に向け、ご意見やご叱正を賜ることができれば幸いである。

人材育成研究部会　手嶋慎介（主査）

愛知東邦大学　地域創造研究所

　愛知東邦大学地域創造研究所は 2007 年 4 月 1 日から、2002 年 10 月に発足した東邦学園大学地域ビジネス研究所を改称・継承した研究機関である。従来の経営学部（地域ビジネス学科）の大学から、人間学部（子ども発達学科、人間健康学科）を併設する新体制への発展に伴って、新しい研究分野も包含する名称に変更したが、「地域の発展をめざす研究」という基本目的はそのまま継承している。

　当研究所では、研究所設立記念出版物のほか年 2 冊のペースで「地域創造研究叢書（旧 地域ビジネス研究叢書）」を編集しており、創立以来 11 年の間に下記 22 冊を、いずれも唯学書房から出版してきた。

・『地域ビジネス学を創る──地域の未来はまちおこしから』（2003 年）
・『地場産業とまちづくりを考える（地域ビジネス研究叢書 No.1）』（2003 年）
・『近代産業勃興期の中部経済（地域ビジネス研究叢書 No.2）』（2004 年）
・『有松・鳴海絞りと有松のまちづくり（地域ビジネス研究叢書 No.3）』（2005 年）
・『むらおこし・まちおこしを考える（地域ビジネス研究叢書 No.4）』（2005 年）
・『地域づくりの実例から学ぶ（地域ビジネス研究叢書 No.5）』（2006 年）
・『碧南市大浜地区の歴史とくらし──「歩いて暮らせるまち」をめざして（地域ビジネス研究叢書 No.6）』（2007 年）
・『700 人の村の挑戦──長野県売木のむらおこし（地域ビジネス研究叢書 No.7）』（2007 年）
・『地域医療再生への医師たちの闘い（地域創造研究叢書 No.8）』（2008 年）
・『地方都市のまちづくり──キーマンたちの奮闘（地域創造研究叢書 No.9）』（2008 年）
・『「子育ち」環境を創りだす（地域創造研究叢書 No.10）』（2008 年）
・『地域医療改善の課題（地域創造研究叢書 No.11）』（2009 年）
・『ニュースポーツの面白さと楽しみ方へのチャレンジ──スポーツ輪投げ「クロリティー」による地域活動に関する研究（地域創造研究叢書 No.12）』（2009 年）
・『戦時下の中部産業と東邦商業学校──下出義雄の役割（地域創造研究叢書 No.13）』（2010 年）
・『住民参加のまちづくり（地域創造研究叢書 No.14）』（2010 年）
・『学士力を保証するための学生支援──組織的取り組みに向けて（地域創造研究叢

書 No.15)』(2011 年)
- 『江戸時代の教育を現代に生かす（地域創造研究叢書 No.16)』(2012 年)
- 『超高齢社会における認知症予防と運動習慣への挑戦――高齢者を対象としたクロリティー活動の効果に関する研究（地域創造研究叢書 No.17)』(2012 年)
- 『中部における福澤桃介らの事業とその時代（地域創造研究叢書 No.18)』(2012 年)
- 『東日本大震災と被災者支援活動（地域創造研究叢書 No.19)』(2013 年)
- 『人が人らしく生きるために――人権について考える（地域創造研究叢書 No.20)』(2013 年)
- 『ならぬことはならぬ――江戸時代後期の教育を中心として（地域創造研究叢書 No.21)』(2014 年)

　当研究所ではこの間、愛知県碧南市や同旧足助町（現豊田市）、長野県売木村、豊田信用金庫などから受託研究や、共同・連携研究を行い、それぞれ成果を発表しつつある。研究所内部でも毎年 5 ～ 6 組の共同研究チームを組織して、多様な角度からの地域研究を進めている。本報告書もそうした成果の 1 つである。また学校法人東邦学園が所蔵する、9 割以上が第 2 次大戦中の資料である約 1 万 4,000 点の「東邦学園下出文庫」も、ボランティアの皆さんのご協力で整理を終え、当研究所が 2008 年度から公開している。

　そのほか、月例研究会も好評で、学内外研究者の交流の場にもなっている。今後とも、当研究所活動へのご協力やご支援をお願いするしだいである。

執筆者紹介

大勝　志津穂／愛知東邦大学准教授（第1章、第6章担当）
長谷川　望／愛知東邦大学准教授（第2章、第8章担当）
藤重　育子／愛知東邦大学非常勤講師（第3章担当）
高間　佐知子／愛知東邦大学助教（第4章担当）
小柳津久美子／愛知東邦大学准教授（第5章、第9章担当）
手嶋　慎介／愛知東邦大学准教授（第7章、第11章、第12章担当）
宮本　佳範／愛知東邦大学准教授（第10章担当）
加納　輝尚／富山短期大学准教授（第11章担当）
河合　晋／岡崎女子短期大学准教授（第11章担当）

地域創造研究叢書No.22

学生の「力」をのばす大学教育 ―― その試みと葛藤

2014年11月10日　第1版第1刷発行　　※定価はカバーに表示してあります。

編　者――愛知東邦大学　地域創造研究所

発　行――有限会社　唯学書房
　　　　　〒101-0061　東京都千代田区三崎町2-6-9　三栄ビル302
　　　　　TEL　03-3237-7073　　FAX　03-5215-1953
　　　　　E-mail　yuigaku@atlas.plala.or.jp
　　　　　URL　http://www.yuigaku.com

発　売――有限会社　アジール・プロダクション

装　幀――米谷　豪

印刷・製本――中央精版印刷株式会社

©Community Creation Research Institute, Aichi Toho University
2014 Printed in Japan
乱丁・落丁はお取り替えいたします。
ISBN978-4-902225-91-4 C3337